ROTES MEER

EIN UNTERWASSERPARADIES

Jahr Verlag Hamburg

ROTES MEER

EIN UNTERWASSERPARADIES

Text
Angelo Mojetta

Redaktion
Valeria Manferto De Fabianis

Graphic Design
Paola Piacco

Fischzeichnungen
Monica Falcone

Übersetzung
Wolfgang Schoene

Fischbestimmungen
Ewald Lieske

Die Deutsche Bibliothek - CIP-Einheitsaufnahme

Rotes Meer, Ein Unterwasserparadies / [Text Angelo Mojetta. Red. Valeria Manferto ; De Fabianis. Fischzeichn. Monica Falcone. Übers. Wolfgang Schoene.
Fischbestimmungen Ewald Lieske]. - Hamburg : Jahr, 1995
Einheitssacht.: Mar Rosso, paradiso sommerso <dt.>
ISBN 3-86132-149-1
NE: Mojetta, Angelo; Manferto, Valeria [Red.]; Falcone, Monica; EST

Jahr-Verlag GmbH & Co.
Jessenstraße 1, 22767 Hamburg
Tel. 040/38906-0, Telefax 040/38906-302

ISBN 3-86132-149-1

INHALT

Umschlagseite Einige Anemonenfische (Amphiprion bicinctus) zwischen den Tentakeln einer Anemone; Im Hintergrund das Riff mit seinem vielfältigen Leben. Foto: Andrea und Antonella Ferrari

1 Weichkorallen (Dendronephthya sp.). 2 Monokel-Büschelbarsch (Paracirrhites forsteri). 3 Rotmeer-Anemonenfisch (Amphiprion bicinctus).

Die Wunder des Roten Meeres

Das zwischen der afrikanischen und der arabischen Kontinentalplatte liegende Rote Meer ist durch das langsame, jedoch konstante Auseinanderdriften dieser Platten entstanden. Die Ursache für die ständig zunehmende Entfernung zwischen Afrika und Arabien ist die Neugestaltung des Meeresbodens durch die ständige Ablagerung von Magmagestein längs des Gebirgskamms, der sich in der Mitte dieses Meeres entlangzieht. Aus diesem Grund wird dieses Meer, das nicht nur ein Seitenarm des Indischen Ozeans ist, von den Geologen als ein richtiges, sich in voller Ausbildung befindliches Meer betrachtet, das im Laufe von 150 Millionen Jahren so groß wie der Atlantik werden könnte, wenn die heutigen Vorgänge mit derselben Intensität andauern. Der trogartige Grabenbruch des Roten Meeres hat eine Ausdehnung von über 2250 km, davon sind aber nur 1900 km von Wasser bedeckt. Im Norden wird das Meer von der Sinaihalbinsel begrenzt, die die beiden Golfe von Suez und Akaba trennt. Der Golf von Suez ist nicht sehr tief (etwa 90 m an der tiefsten Stelle) und hat einen flachen Grund; er ist 250 km lang und 32 km breit. Der Golf von Akaba mit einer Länge von 150 km und einer Breite von 16 km ist dagegen viel tiefer, mit zwei Senken im Norden und im Süden mit einer Tiefe von 1100 bzw. 1420 m. Die tiefste Stelle dieses Golfes liegt an der Ostküste und beträgt über 1800 m. Dieser Wert erscheint absolut genommen noch beachtlicher, denn die Küste ist in diesem Gebiet von Bergen gesäumt, die sich über 1500 m hoch erheben. Das eigentliche Rote Meer hat auf der Höhe von Massaua eine maximale Breite von 354 km und verengt sich dann langsam in südlicher Richtung. Bei der Meerenge von Bab al Mandab, die in den Indischen Ozean übergeht, beträgt die Breite nur 26 km. Der Meeresboden des Roten Meeres teilt sich in drei verschiedene Meereszonen auf: ein Küstengebiet, das bis in eine Tiefe von 500 m reicht; ein Zwischengebiet mit unregelmäßigem Verlauf, dessen untere Grenze bei etwa 1100 m liegt; ein tiefes Gebiet, das etwa der Zentralachse des Roten Meeres entspricht, wo die Tiefe 1500 bis 2000 m

4 Glasbarsche (Parapriacanthus guentheri) inmitten von Weichkorallenkolonien (Dendronephthya sp.).

5 Schwämme und Weichkorallen verschiedener Arten (Dendronephthya, Xenia, Heteroxenia) siedeln sich in den abgestorbenen Steinkorallenkolonien an.

erreicht. Der für Taucher interessanteste dieser drei Abschnitte ist gewiß der erste, denn in einem Bereich zwischen der Oberfläche und einer Tiefe von 50 m, der etwas mehr als 20 Prozent dieses Abschnitts ausmacht, liegen hier die Korallenriffe, die im mittleren und nördlichen Bereich des Roten Meeres üppiger und abwechslungsreicher sind und aufgrund ihrer Merkmale als getrennte Elemente betrachtet werden können. Die längs dieses Küstenstreifens im Osten wie im Westen verstreuten Korallenformationen gehören zu der Kategorie der Saumriffe (fringing reefs), mit einer Größe zwischen wenigen Metern und etwa einem Kilometer, deren Riffdächer bei Ebbe häufig freiliegen. Diese Korallenformationen bilden sich auf Felsböden oder kompakten Sedimenten organischen Ursprungs und neigen dazu, sich in Längsrichtung und ins offene Meer hinaus zu entwickeln, wo nährstoffreicheres Wasser ein aktiveres Wachstum der Korallen ermöglicht. Das führt zu einer allmählichen Ausdehnung des Riffs immer weiter ins Meer hinaus sowie zur Bildung von breiten, parallel zur Küstenlinie verlaufenden Kanälen, die in einigen Fällen und vorwiegend im südlichen Teil und längs der Küsten des Sudans so breit werden können, daß sie richtige Lagunen bilden. Saumriffe haben noch ein weiteres typisches Merkmal, das den Tauchern, die diese Gebiete häufig besuchen, wohlbekannt ist. Wie man auf einer Luftaufnahme oder einer nautischen Karte sehen kann, sind die Riffe vorwiegend an den Stellen durch enge Passagen unterbrochen, wo sich auf dem Festland die Täler öffnen, die die Fortsetzung alter oder vorhandener Flußläufe sind, die sich vor allem in der Regenperiode bilden. Die Saumriffe sind jedoch nicht die einzigen Korallenformationen des Roten Meeres. Vor den Küsten Ägyptens, des Sudans und Saudi-Arabiens wachsen auf alten Felsböden, die einst aufgrund des höheren Meeresbodens über dem Wasserspiegel lagen, Korallen, deren unaufhaltsames Wachstum mit dem erneuten Anstieg des Wasserspiegels voranschritt, so daß bald sowohl Plattform- als auch richtige Barriereriffe entstanden, die eine Länge bis zu einigen Kilometern haben und am Außenriff von Tiefen bis zu 500 bis 800 m umgeben sind. Obwohl die Korallenriffe zu den größten Attraktionen dieses Meeres gehören, muß man sie doch, zumindest in gewissen Gebieten, als eine Anomalie betrachten. Der Grund dafür ist, daß das Rote Meer sich sehr weit nördlich ausdehnt (bis 30° N) und bis in Breiten, wo die klimatischen Bedingungen ein Wachstum dieser Organismen normalerweise nicht erlauben, da sie nur in Meeren gedeihen, in denen die Temperatur des Wassers nicht unter 10 °C sinkt. Dank seiner Beschaffenheit und vor allem, weil es ein geschlossenes Meer ist, ist das Rote Meer trotz seiner Lage ungewöhnlich warm, mit Mindesttemperaturen im Februar von etwa 20 bis 22 °C im Norden und 27 °C im zentralen, südlichen Becken. Die Höchsttemperaturen schwanken um 30 bis 32 °C. Diese Werte können in Küstennähe in seichtem Wasser und in geschlossenen Buchten bis auf 45 °C ansteigen. Die geringen Niederschläge (180 mm pro Jahr im Gebiet von Suakin [Südsudan], das als „Regengebiet" betrachtet wird), die hohe Lufttemperatur, die die Verdunstung begünstigt, und der geringe Wasseraustausch mit den Nachbarmeeren führen zu einem Anstieg des Salzgehaltes bis auf 38 bis 40 Promille (d. h. 38 bis 40 Gramm Salz pro Liter Wasser) – bei Höchstwerten bis zu 45 bis 50 Promille.

Struktur und Zusammensetzung der Korallenriffe

6 Die Landspitze von Ras Mohammed, im äußersten Süden des Sinai.

7 Weichkorallen (Dendronephthya klunzingeri).

Korallenriffe sind riesige, steinharte Formationen, von denen nur der äußerste Teil wirklich lebt. Mit einem außerordentlich langsamen vertikalen Wachstum von etwa einem Zentimeter pro Jahr - von einigen Ausnahmen abgesehen - sind diese Formationen das Ergebnis des unaufhaltsamen Wachstums riffbildender Steinkorallen. Sie bestehen aus einem lebendigen Teil mit zahlreichen Armen, den Polypen, und aus einem schalenförmigen Kalkanteil, dem Korallit. Diese Madreporen, mit denen der Taucher unter Wasser in Kontakt kommt, sind kolonienbildende Organismen mit äußerst verschiedenartigen Formen und Größen; sie besitzen ein festes Skelett aus Kalziumkarbonat und anderen Mineralien, die dank des besonderen Metabolismus dieser Tiere dem Meereswasser ständig entzogen werden. Fachleute haben im Roten Meer über 170 verschiedene Korallenarten in 50 Gattungen nachgewiesen, und man wird verstehen, daß ihre Beschreibung auf nur wenigen Seiten nicht möglich ist. Die häufigsten Gattungen sind *Acropora* und *Montipora*, zusammen mit *Fungia, Porites, Favia, Favites, Stylophora, Pavona, Leptoseris* und *Cycloseris.* Die (territoriale) Verteilung dieser verschiedenen Arten hängt von den Umweltbedingungen ab (Transparenz, Tiefe, Wasseraustausch), die nach einiger Zeit die Möglichkeit bieten, innerhalb gewisser Grenzen die Vorzugsgebiete der einen oder anderen Steinkorallen und bestimmter Artenassoziationen zu sein. Stellen wir uns also vor, in der Nähe des Ufers, längs des Riffs, ins offene Meer hinauszutauchen, so treffen wir zunächst auf *Stylophorakolonien* (Familie der Pocilloporiden). Es handelt sich um verästelte Kolonien mit großen Koralliten. Die leicht abgeflachten und an der Spitze mehr oder weniger stumpfen Äste sind hellbraun, mit rosa- oder purpurfarbenen Astenden und weißen Spitzen. Etwas weiter im offenen Meer trifft man auf Kolonien, die von den Gattungen *Favia, Favites* und *Porites* gebildet werden. Die beiden ersten Arten kann man an den dichten, rundlich oder säulenartig geformten oder - in tiefen Gewässern - krustenartigen Kolonien erkennen und vor allem an dem Aussehen ihrer Koralliten, die den Waben eines Bienenstocks ähneln. Das ist das typischste Merkmal, während die Farben von Weiß bis zu einem mehr oder weniger kräftigen Rosa reichen, bei stark veränderlichen Abmessungen (die wie bei allen Steinkorallen vom Alter der Kolonie abhängen). Die Gat-

tung *Porites,* eine der verbreitetsten Arten, weist auf geschützte Gewässer mit Sandboden hin. Es handelt sich um große Kolonien mit vorwiegend runder Form, mit kleinen Koralliten, die kompakten, hellbraunen Felsagglomerationen ähneln. Die äußersten und am wenigsten geschützten Riffgebiete werden von der Gattung *Acropora* beherrscht, deren Arten (15 im Roten Meer) als die Steinkorallen schlechthin betrachtet werden können. Sie bilden normalerweise stark verästelte und geweihähnliche Kolonien, die man sehr häufig auf den ersten zehn Metern der zum offenen Meer hin gewendeten Saumriffe findet. In größeren Tiefen neigen die Acropora dazu, sich auszubreiten und tischartige oder schirmartige Kolonien mit einem großen, flachen, von einer Säule gestützten Hut zu bilden. Neben den Steinkorallen leben hier viele andere kolonienbildende Organismen, Gorgonien und Weichkorallen, deren Formen und Farben die Unterwasserfotografen bezaubern. Hinsichtlich der Steinkorallen wollen wir daran erinnern, daß sie ein Kalkskelett haben, das zwar fest, aber elastisch ist und sich senkrecht zur Strömung über felsigen Meeresböden entwickelt – vorzugweise an der offenen, lichtärmsten Seite des Riffs. Einige Korallen weisen nicht die gewöhnliche, baumartig verästelte Form auf, sondern ähneln Peitschen. Im Roten Meer sind die Gorgonien (Foto oben) nicht besonders verbreitet, während die Weichkorallen häufig anzutreffen sind. Wie der Name bereits sagt, ist die Konsistenz dieser Korallen gummiartig weich, denn der Kalkanteil des Skeletts beschränkt sich auf feine, in das Stützgewebe eingelassene Nadeln. Gut sichtbar sind diese Skelettnadeln bei den Arten der Gattung *Dendronephtya,* die wegen ihrer verzweigten Astbildung zu den häufigsten und schönsten des Roten Meeres gehören. Diese durchscheinenden, lebhaft in Gelb, Orange und Rosa leuchtenden Weichkorallen besitzen Fangarme, die wie die Blütengruppen eines Blumenkohls angeordnet sind und von Ästen getragen werden, die sich auf einer Ebene oder in mehrere Richtungen verzweigen. Es handelt sich wie um fleischfressende Organismen; nachts kann man sehen, wie sie sich öffnen und ihre Größe verdoppeln oder sogar verdreifachen; im Fall der *D. klunzingeri* kann sie bis zu über einem Meter betragen. Weichkorallen findet man häufig auf den ersten 15 Metern unter der Oberfläche, wo viele mehr oder weniger ausgedehnte Krustenkorallenarten leben, die auf den ersten Blick an große Seerosen mit kurzen, jedoch zahlreichen Fangarmen oder an Moosformationen erinnern.

DIE FISCHE DES ROTEN MEERES

Das Rote Meer ist ein Arm des Indischen Ozeans, und aus diesem Grund weist die Fischfauna dieses Meeres zahlreiche Ähnlichkeiten mit der des viel größeren Indischen Ozeans auf, obwohl die geologische Geschichte des Roten Meeres, die vor 40 Millionen Jahren begann, zu der Entwicklung zahlreicher Endemismen geführt hat, die etwa 15 Prozent der über eintausend Fischarten des Roten Meeres ausmachen. Eine einfache Liste der Arten, denen man während eines Tauchgangs begegnet, würde mehr als eine Seite in Anspruch nehmen, denn der Taucher hat hier tatsächlich den Eindruck, einen umfangreichen Fischkatalog zu durchblättern. Der wichtigste Grund für eine derartige Lebensvielfalt auf diesen Korallen ist wohl die außerordentliche Produktivität dieser Umwelt, die sich so verschiedenartig und komplex wie ihre Bewohner erweist. Die Korallenriffe des Roten Meeres, die sich ständig verändern, zerklüftet und von mehr oder weniger großen Spalten eingeschnitten sind, an denen sich an einigen Stellen pilz- oder schirmförmige Säulenformationen erheben, die an die Sandflächen und an das Seegras des Meeresbodens grenzen, bieten den Lebewesen des Meeres unzählige verschiedene Lebensräume. Einige finden dort den idealen Schlupfwinkel, um den Raubfischen zu entgehen, andere liegen auf der Lauer, verstecken hier ihre Eier oder den gerade geschlüpften Nachwuchs, oder sie knüpfen Beziehungen zu anderen Arten an, so z. B. die Anemonenfische mit Seeanemonen, Kardinalfische *(Archamia sp., Apogon sp.)* mit Diademseeigeln und auch Grundeln mit den Pistolenkrebsen der Gattung *Alpheus,* die sich dieselbe Höhle teilen. Alle finden dort ihre Nahrung, die sich je nach Art des Jägers in Form von Fischen, Plankton, Algen, Korallenpolypen, Detritus und anderem anbietet. Aber das Korallenriff verändert nicht nur seine Form und Landschaft, denn Differenzierungen ergeben sich ebenfalls aus der Tiefenstufung, die den Hydrodynamismus, die Helligkeit oder die Temperatur beeinflußt, um nur einige Beispiele zu erwähnen. Jeder dieser Faktoren wirkt auf weitere andere Parameter wie Mechanismen, die im Endeffekt zu der bereits erwähnten großen Vielfalt der Flora und Fauna führen. Das bedeutet, daß in einem nur wenige Quadratmeter großen Riff neben unzähligen Wirbellosen wie Krebstieren, Weichtieren, Stachelhäutern und Würmern, Hunderte von Fischen in vollendetem Gleichgewicht miteinander leben, selbst wenn sie unzähligen verschiedenen Arten angehören. Erst nach mehreren Tauchgängen verstehen wir allmählich, welche Beziehungen zwischen den Fischen und ihrer Umwelt bestehen und wie diese geartet sind. Ein besonders auffälliges Merkmal ist die Vielfalt der Farben. Obwohl die Farben der Fische für das menschliche Auge so auffällig sind, scheinen diese von ihren Artgenossen kaum bemerkt zu werden, und in vielen Fällen ist die Färbung lediglich eine Tarnung. Die häufig zu sehenden Augenflecken, zum Beispiel in der Nähe des Schwanzes oder an der Rückenflosse, und die dunklen Streifen, die des öfteren die Augen überziehen, dienen dazu, die Angreifer irrezuführen, die die Flecken für die wahren Augen halten und die Beute an diesen Körperstellen angreifen. Ähnlich verhält es sich mit den lebhaft gefleckten oder bunt gestreiften Fischen, die uns fast wie Werbeplakate erscheinen und deren Farben lediglich dazu dienen, den genauen Umriß des Fisches verschwimmen zu lassen, ihn in viele Farbelemente zu zerlegen oder ihn im Gewirr der Äste der Steinkorallen oder den Fächern der Gorgonen zu tarnen. Aber die Farben dienen nicht nur zur Tarnung, sondern auch zur Mitteilung ganz bestimmter Botschaften. Zackenbarsche

9 Napoleonfisch (Cheilinus undulatus).

8 Hornkoralle (Subergorgia hicksoni).

10-11 Grauer Riffhai (Carcharhinus amblyrhynchos).

können z. B. ihre Farbe rasch ändern, je nachdem, ob sie angegriffen werden, Angst haben oder schlafen und sich demzufolge ruhig fühlen.
Es ist kein Zufall, daß die Meeresbiologen den Begriff „Pyjamafärbung" geschaffen haben, um damit die Farbe gewisser Fische während der Nachtruhe auszudrücken, die so unterschiedlich von der Tagesfärbung ist, daß man häufig den Eindruck hat, eine andere Fischart vor sich zu haben. In anderen Fällen, vorwiegend bei den Lippfischen, kann man sie dank der Farbe nach Geschlecht oder Alter unterscheiden. Bei vielen Fischarten dient die unterschiedliche Färbung junger und erwachsener Fische dazu, unnötige Auseinandersetzungen zu vermeiden; außerdem vermittelt die Färbung unzweideutige Botschaften der Art: „Ich bin paarungsbereit"; „ich bin gefährlich" oder „ich bin ungenießbar". Diese Farbgebung kann auch für den Menschen wichtig sein, so z. B. die lebhaften Farben der scharfen Skalpelle der Doktorfische oder das elegante Farbkleid des Rotfeuerfisches. Ebenso vielartig sind die Formen der Fische. Vor den Augen des Tauchers kann so ein schlangenförmiger Fisch (Muräne, Seenadel, Röhrenaal), ein spindelförmiger Fisch (Lippfisch, Thunfisch, Stachelmakrele), ein ballförmiger Fisch (Kugelfisch), ein flacher (Kaiserfisch, Falterfisch, Doktorfisch, Drückerfisch) oder horizontal abgeflachter Fisch (Rochen, Adlerrochen, Mantas) erscheinen. Der aufmerksame Beobachter stellt fest, daß jede dieser Formen in besonderem Zusammenhang mit den Gewohnheiten der entsprechenden Arten und der Umwelt, in der sie leben, steht. Ein Beweis dafür sind die Korallenriffe, an denen wenige Steinkorallenarten vorkommen, die somit keine große Artenvielfalt aufweisen; hier leben viele Fische, die jedoch nur wenigen Arten angehören. Muränen verstecken ihren langen Körper in Spalten oder Höhlen, aber dasselbe machen auch alle Drückerfische, die, wenn sie verfolgt werden, Zuflucht in Bodenspalten suchen, deren Lage sie anscheinend genau kennen und in denen sie sich durch Aufrichten der Rückenflossen verankern. Auch die verschiedenen Astkorallen beherbergen häufig besondere kleine Fischarten. Der weißschwänzige Dreibinden-Preußenfisch *(Dascyllus aruanus)* wählt sein Territorium zwischen den Ästen der *Pocillopora* und *Acropora*-Korallen.
In den Korallen-Labyrinthgängen der *Acropora* leben auch Schwärme von Schwalbenschwänzen *(Chromis caerulea, C. dimidiata)* zusammen mit jungen Exemplaren von Lippfischen, Drückerfischen und Kofferfischen. Sehr interessant für den Unterwasserfotografen sind die Schirmformationen der *Acropora,* in deren Schatten sich Kaiserfische, Falterfische, Süßlippen und Doktorfische tummeln, während man auf dem Sand darunter oft Blaupunkt-Stechrochen *(Taeniura lymma)* findet. Der an Leben reichste Teil des Riffs ist jedoch das Außenriff, an dem man häufig auch große pelagische Fische und Haie antrifft, von denen etwa 30 Arten im Roten Meer leben. Die verbreitetsten Arten sind der Weißspitzen-Riffhai *(Triaenodon obesus)* und der Schwarzspitzenhai *(Carcharhinus melanopterus).* Im tieferen Wasser – zwischen zehn und 50 m – kann man auch den *Carcharhinus albimarginatus,* den *C. plumbeus* oder den *C. amblyrhynchos* antreffen, während in den Grotten oder unter Korallenformationen auch Ammenhaie *(Nebrius ferrugineus)* zu finden sind. Seltener, aber gefährlicher, sind die Tigerhaie *(Galeocerdo cuvier),* die Makohaie *(Isurus glaucus)* und Hammerhaie *(Sphyranidae).* Einen bezaubernden Anblick bieten die harmlosen Adlerrochen *(Aetobatus narinari)* mit weißgeflecktem Rücken, die Mantas *(Manta birostris),* die eine Breite von fünf Meter erreichen, und die Teufelsrochen *(Mobula diabolus).* Unter den großen Raubfischen, die plötzlich vom offenen Meer ans Riff kommen, wollen wir die silbrigen Barrakudas *(Sphyraena barracuda, Sphyraena qenie),* die Stachelmakrelen *(Caranx melampygus, C. sexfasciatus, C. ignobilis)* erwähnen, die leicht an der tief eingeschnittenen, gespaltenen Schwanzflosse und an den deutlich sichtbaren, seitlichen Knochenplatten zu erkennen sind. Obwohl das Tauchen in den Tropengewässern ein großartiges Erlebnis ist, wollen wir am Ende unserer Einführung zum Ro-

ten Meer noch erwähnen, daß ein Korallenriff Gefahren birgt, die vor allem dann, wenn man sie nicht kennt, sehr bedrohlich werden können. Einige Tiere, die gefährlich sind oder es werden können, wie die Haie, Barrakudas, Muränen und die Skorpionsfische, sind allen bekannt, es sind aber nicht die einzigen. Eine ausführliche Liste, die gewiß nützlich sein kann, sollte auch den Echten *(Synanceia verrucosa)* und den Falschen Steinfisch *(Scorpaenopsis diabolus)* umfassen, die aufgrund ihrer stark toxischen Stachelstrahlen und ihrer Tarnfärbung sehr gefährlich sind. Stacheln besitzt ebenfalls der Gestreifte Korallenwels *(Plotosus anguillaris)*, der bei den Tauchern zwar nicht sehr bekannt, aber doch weit verbreitet ist. Gefährlich sind auch die sogenannten Feuerkorallen *(Millepora dichotoma, M. platyphylla)*, die über stark nesselnde Zellen verfügen und gefährliche Verbrennungen verursachen können, die sofortige Behandlung erfordern, da sie sich andernfalls leicht entzünden können. Die Mollusken der Gattung *Conus* (Kegelschnecken) schleudern kleine Giftpfeile aus, und die Seeigel der Gattung *Diadema* haben sehr lange, spitze Nadeln.

HAIE, MANTAS, ROCHEN UND ADLERROCHEN: DIE GROSSEN KNORPELFISCHE

BARRAKUDAS UND STACHELMAKRELEN: DIE RAUBFISCHE DES OFFENEN MEERES

Gewöhnlicher Ammenhai
Nebrius ferrugineus

Seidenhai
Carcharhinus falciformis

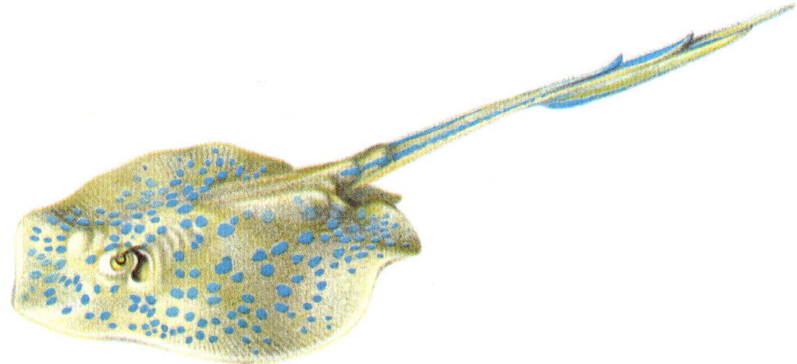

Blaupunktrochen
Taeniura lymma

Schwarzpunkt-Rochen
Taeniura melanospilos

Grauer-Riffhai
Carcharhinus amblyrhynchos

Manta
Manta birostris

Weißspitzen-Riffhai
Triaenodon obesus

Schwarzspitzen-Riffhai
Carcharhinus melanopterus

Walhai
Rhincodon typus

Großer Hammerhai
Sphyrna mokarran

Blauflossen-Makrele
Caranx melampygus

Großaugen-Makrele
Caranx sexfasciatus

Großer Barrakuda
Sphyraena barracuda

Schwarztupfen-Pompano
Trachinotus bailloni

Winkel-Barrakuda
Sphyraena putnamiae

Leopard-Stechrochen
Himantura uarnak

Gefleckter Adlerrochen
Aetobatus narinari

14-15 Walhai (Rhincodon typus).

14 unten Bogenstirn-Hammerhai (Sphyrna lewini).

Die Haie, die in allen Riffen des Roten Meers anzutreffen sind, sind fesselnde Geschöpfe und lange nicht so gefährlich, wie man allgemein annimmt. Sie verfügen über ein aus Knorpel und nicht, wie die anderen Fische, aus Knochen bestehendes Skelett, und sie haben keine Schwimmblase. Aus diesem Grund müssen sie unaufhörlich schwimmen, um in der gewünschten Tiefe bleiben zu können. Haie haben einen spindelförmigen, hydrodynamischen Körper, der durch die typische Schwanzflosse mit dem oberen, stärker entwickelten Flossenteil, unverwechselbar gestaltet ist. Der Schwarzspitzenhai *(Carcharhinus melanopterus)*, Weißspitzenriffhai *(Triaenodon obesus)* und Ammenhai *(Nebrius ferrugineus)* sind die häufigsten Arten entlang der Korallenriffe; aber während die beiden ersten Arten unermüdlich schwimmen, kann man Ammenhaie des öfteren in Unterwassergrotten ruhen sehen. Seltener, aber doch regelmäßig zu beobachten, sind die pelagischen Weißspitzen-Hochseehaie *(C. longimanus)*,. die Hammerhaie *(Sphyrna sp.)* und der riesige Walhai *(Rhincodon typus)*, der eine Länge von über zwölf Meter erreicht, aber als Planktonfresser harmlos ist.

15 Gewöhnlicher Ammenhai (Nebrius ferrugineus).

16 oben Weißspitzen-Riffhai (Triaenodon obesus).

16 Mitte Weißspitzen-Hochseehai (Carcharhinus longimanus).

16 unten und 16-17 Grauer Riffhai (Carcharhinus amblyrhynchos).

Die Stechrochen *(Taeniura lymma, Himantura uarnak)* sind Knorpelfische wie die Haie, sie haben jedoch aufgrund eines völlig unterschiedlichen Entwicklungsprozesses, der sie zu einem Leben in der Nähe des Meeresbodens geführt hat, eine andere Form. Man findet sie häufig wie startbereite Flugzeuge auf den weiten Sandböden liegend. Zu derselben Ordnung *(Batioidei)* gehören die Adlerrochen *(Aetobatus narinari)* mit großen, spitzen Brustflossen und einem langen Schwanz und die majestätischen schwarzweißen Mantas *(Manta birostris)*, die eine Spannweite von fünf bis sechs Meter erreichen und sich durch zwei schaufelförmige Kopflappen auszeichnen, mit denen sie sich das Plankton, von dem sie sich ernähren, ins Maul schaufeln.

18-19 Gefleckter Adlerrochen (Aetobatus narinari).

18 unten Blaupunktrochen (Taeniura lymma).

19 oben Gefleckter Adlerrochen (Aetobatus narinari).

19 unten Manta (Manta birostris)

Barrakudas und Stachelmakrelen sind zwei Raubfischarten, die an der Grenze zwischen dem offenen Meer und dem Riff leben, und sie bewegen sich oft in großen Schwärmen auf der Suche nach kleinen Beutefischen, die sie in Richtung des Riffs treiben, um sie dort anzugreifen. Barrakudas stellen eine potentielle Gefahr für den Menschen dar, aber die wenigen, von Experten bestätigten Angriffe erfolgten zumeist in trübem Wasser und von großen Einzelgängern oder weil sie sich von einem Taucher belästigt fühlten oder angegriffen wurden.

20 Zitronen-Stachelmakrele (Carangoides bajad).

20 Mitte Stupsnasen-Pompano (Trachinotus blochii).

20 unten Großaugen-Stachelmakrele (Caranx sexfasciatus).

21 oben Blauflossen-Stachelmakrele (Caranx melampygus).

20-21 Dunkelflossen-Barrakuda (Sphyraena qenie).

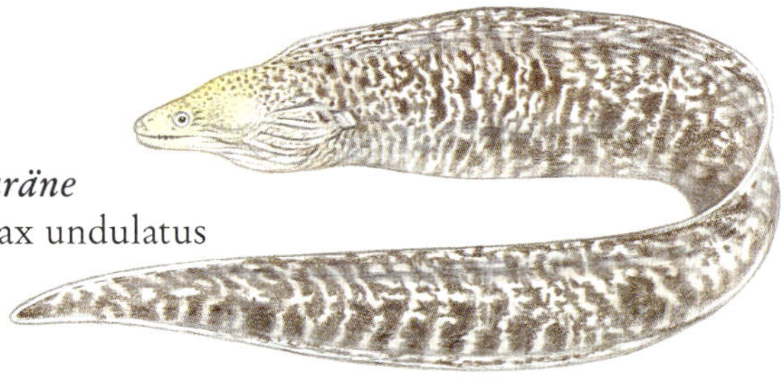

Marmor-Muräne
Gymnothorax undulatus

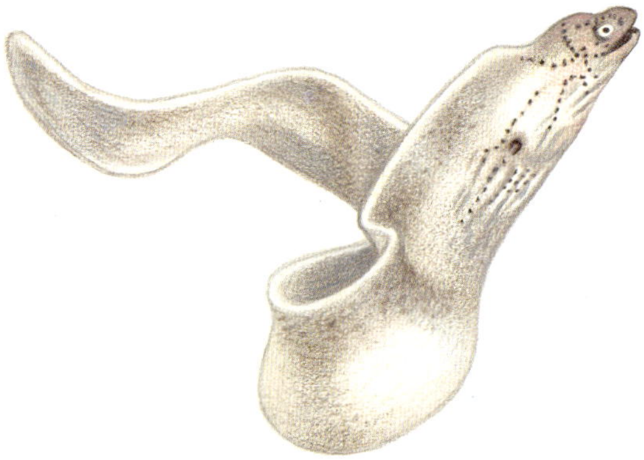

Graue Muräne
Siderea grisea

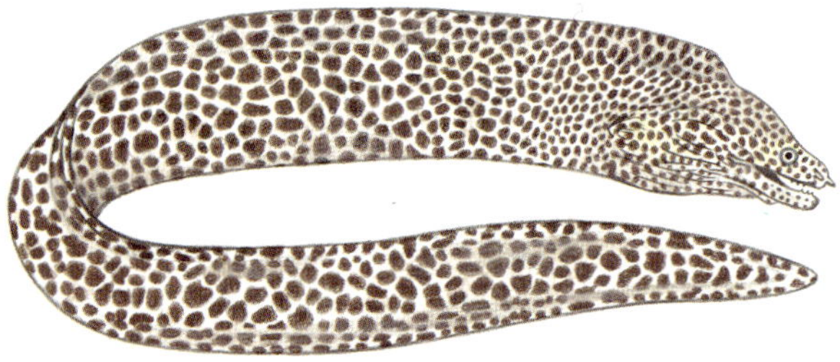

Große Netzmuräne
Gymnothorax favagineus

Riesenmuräne
Gymnothorax javanicus

23 Riesenmuräne (Gymnothorax javanicus).

Flötenfisch
Fistularia commersonii

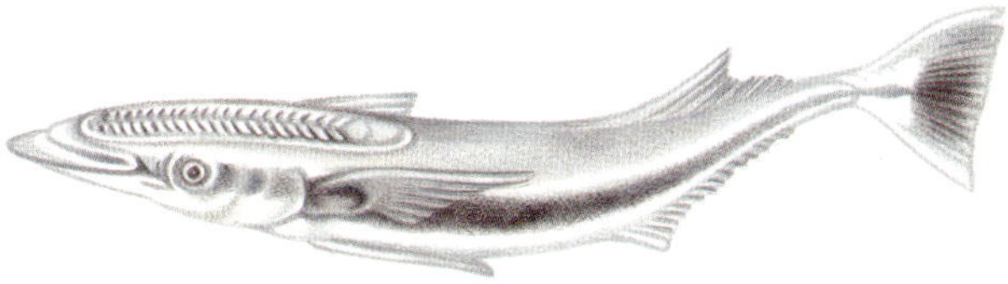

Gestreifter Schiffshalter
Echeneis naucrates

Gestreifter Korallenwels
Plotosus lineatus

23 Riesenmuräne (Gymnothorax javanicus).

Langgezogen und schlangenartig sind - die Schiffshalter ausgenommen - die auf diesen Seiten beschriebenen Fische, typische Bewohner des Meeresbodens, auf dem sie reichlich Nahrung und Zuflucht finden. Muränen (z. B. *Siderea grisea, Gymnothorax javanicus)* trifft man häufig in den Spalten des Riffs an, denn diese Fische leben tagsüber in kleinen Grotten und Spalten, aus denen nur der Kopf mit dem weit geöffneten Maul und den kräftigen Vorderzähnen in einer anscheinend drohenden Haltung hervorschaut, was jedoch nicht der Fall ist.

24 oben Graue Muräne (Siderea grisea).

24 unten Große Tigermuräne (Scuticaria tigrinus)

25 oben links Ohrfleck-Röhrenaal (Heteroconger hassi).

25 oben rechts Gestreifter Schiffshalter (Echeneis naucrates).

25 unten Flötenfisch (Fistularia commersonii).

Scheuer und nicht leicht zu beobachten sind die sogenannten "garden eels", was soviel wie "Gartenaale" heißt, eine Bezeichnung, die auf ihre merkwürdigen Lebensgewohnheiten zurückzuführen ist. Diese Ohrfleck-Röhrenaale *(Heteroconger hassi)* leben in großer Zahl im Sand, wo sich ein jeder von ihnen eine Höhle gräbt, aus der nur ein Teil des Körpers hervorsteht. Aus der Ferne kann man Scharen dieser Fische sich im Wasser wiegen sehen, aber sobald man sich ihnen auf einige Meter nähert, verschwinden sie blitzschnell.

Länglich, mit einem engen, rohrförmigen Maul, das in ein Paar großer Lippen endet, sind die Flötenfische *(Fistularia commersonii)*, die sich langsam und steif im Wasser bewegen und sich auf ihr ungefährliches Aussehen, aber vor allem auf ihre einheitliche Tarnfärbung verlassen, um sich kleineren Fischen zu nähern und diese mit dem langen Röhrenmaul sekundenschnell aufzusaugen. Besonders geeignet, um sich von größeren Fischen befördern zu lassen und somit kaum einzeln zu sehen, sind die Schiffshalter *(Echeneis naucrates)*, die meistens Haie und Teufelsrochen begleiten, an deren Körper sie sich mit einer auf ihrem Rücken befindlichen Saugscheibe, eine für diesen Zweck umgewandelte Flosse, festsaugen.

Könige der Meeresgründe: Zackenbarsche

27 Rotflecken-Zackenbarsch (Epinephelus tauvina).

Juwelen-Zackenbarsch
Cephalopholis miniata

Gefleckter Riesenzackenbarsch
Epinephelus tukula

Fridmans Zwergbarsch
Pseudochromis fridmani

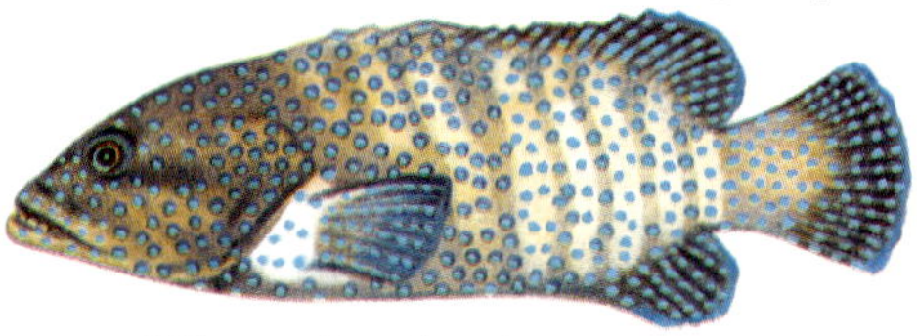

Pfauen-Zackenbarsch
Cephalopholis argus

Rotmaul-Zackenbarsch
Aethaloperca rogaa

Juwelen-Fahnenbarsch
Pseudanthias squamipinnis

Getarnter Zackenbarsch
Epinephelus polyphekadion

Gelbblauer Zwergbarsch
Pseudochromis flavivertex

Rotflecken-Zackenbarsch
Epinephelus tauvina

Mondsichel-Juwelenbarsch
Variola louti

Zu den gewöhnlichsten Fischen des Korallenriffs zählen gewiß die Zackenbarsche, die in einer Tiefe von wenigen Metern bis zu den tiefsten, von einem Taucher erreichbaren Gründen anzutreffen sind, und die alle durch lebhafte Farben, robusten Körperbau, große Schwanzflossen und ein großes Maul mit stark entwickeltem Unterkiefer gekennzeichnet sind.
Die Vielzahl der verschiedenartigen Habitate, denen man während eines Tauchgangs entlang der Korallenriffe des Roten Meeres begegnet, ist eine Erklärung für die vielen unterschiedlichen Barscharten, die man hier beobachten kann.

Es gibt kleine bunte Arten, wie der Juwelen-Zackenbarsch *(Cephalopolis miniata)* und der Pfauen-Zackenbarsch *(C. argus)*, mittelgroße Arten, wie der Mondsichel-Juwelenbarsch *(Variola louti)* mit seinem typischen mondsichelförmigen Schwanz und der Rotmaul-Zackenbarsch *(Aethaloperca rogaa)*, bis hin zu den Riesenfischen dieser Gruppe, wie der Gefleckte Riesenzackenbarsch *(Epinephelus tukula)*, der eine Länge von 2,4 m erreichen kann. Obwohl einige Arten häufiger bei Tageslicht, andere beim Morgengrauen oder Sonnenuntergang und noch andere nachts anzutreffen sind, haben alle Barsche territoriale Gewohnheiten, d. h., sie

leben in einer Höhle, in der sie einen großen Teil ihrer Zeit verbringen und Zuflucht suchen. Außerdem sind die Barsche Fleischfresser, die sich von kleinen Fischen, Krustentieren und Polypen ernähren.

28-29 Juwelen-Zackenbarsch (Cephalopholis miniata).

29 oben Rotflecken-Zackenbarsch (Epinephelus tauvina).

29 unten Summana-Zackenbarsch (E. summana)

30 oben
Mondsichel-Juwelenbarsch
(Variola louti).

30–31 Panther-Forellenbarsch (Plectropomus pesssuliterus marisrubri).

31 oben Pfauen-Zackenbarsch (Cephalopholis argus).

Orangefarbene Wolken, die die größeren, unregelmäßigen Steinkorallenformationen umgeben, werden von kleinen Fischen der Familie der Sägebarsche *(Serranidae)* gebildet. Es handelt sich um Juwelen-Fahnenbarsche *(Pseudanthias squamipinnis)*, die eine Länge von 15 cm erreichen und in Haremsgruppen (das dominierende Männchen ist von einer Vielzahl von Weibchen umgeben) leben, stets in der Nähe eines Korallenkopfes. Man erkennt die Männchen an den lebhafteren Farben, aber vor allem an dem langen Flossenstrahl im ersten Teil der Rückenflosse. Da diese Fische im Laufe ihres Wachstums das Geschlecht ändern, wird beim Tod des Männchens seine Stelle innerhalb weniger Tage von dem größten Weibchen eingenommen.
In den Höhlen und Spalten der Korallen tummeln sich viele andere kleine Fische mit einer etwas schlankeren Form als die Fahnenbarsche, jedoch mit unglaublich bunten Farben, wie der herrliche endemische König-Salomon-Zwergbarsch *(Pseudochromis fridmani)* mit seinen leuchtend violetten Schuppen.

33 oben Juwelen-Fahnenbarsch (Pseudanthias squamipinnis) Männchen.

33 Mitte Juwelen-Fahnenbarsch (Pseudanthias squamipinnis) Weibchen.

33 unten König Salomon-Zwergbarsch (Pseudochromis fridmani).

32-33 Juwelen-Fahnenbarsch (Pseudanthias squamipinnis) Weibchen.

DIE NACHTAKTIVEN FISCHE

Diadem-Husar
Sargocentron diadema

Weißsaum-Soldatenfisch
Myripristis murdjan

Höhlen-Beilbauchfisch
Pempheris vanicolensis

Riesen-Husar
Sargocentron spiniferum

Schwarzbinden-Kardinalbarsch
Apogon aureus

Gewöhnlicher Großaugenbarsch
Priacanthus hamrur

Kleiner Laternenfisch
Photoblepharon palpebratus

35 Riesen-Husar (Sargocentron spiniferum).

Am Rande der Grotten oder in ihrem Inneren kann man am Tage Fische beobachten, die alle Rot als gemeinsame Grundfarbe aufweisen und große Augen haben. Sie sind nicht sehr aktiv und verhalten sich angesichts des Tauchers ruhig, so daß man den Eindruck hat, sie seien in einem unsichtbaren Glaskäfig gefangen. Tatsächlich handelt es sich bei diesen Fischen (Husarenfische, Soldatenfische, Kardinalfische und Großaugenbarsche), um Arten, die in der Dämmerung und nachts auf Jagd gehen und das Licht scheuen; aus diesem Grund suchen sie Zuflucht in Grotten oder halbdunklen Gebieten, die sie nur nach Sonnenuntergang verlassen und so an die Stelle der tagaktiven Fische treten.

36 oben und 36-37 Riff-Großaugenbarsch (Priacanthus hamrur).

36 unten Riesen-Husar (Sargocentron spiniferum).

38-39 Glasbarsche (Parapriacanthus guentheri).

38 unten Herzog-Schweins-Lippfisch (Bodianus anthioides) juvenil.

Lichtscheu sind ebenfalls die kleinen Beilbauchfische *(Pempheris schwenkii)*, die in dichten Schwärmen in den schattigeren Bereichen des Riffs stehen, in denen sie bis Sonnenuntergang verharren, wenn sie sich wie die anderen oben beschriebenen Fische entlang der Riffe verstreuen, um auf Nahrungssuche zu gehen. Aufgrund ihrer leuchtenden Färbung, die das Blitzlicht wie ein mit Facetten versehener Spiegel zurückwirft, haben diese Fische ihren Namen „Glasbarsche" erhalten.

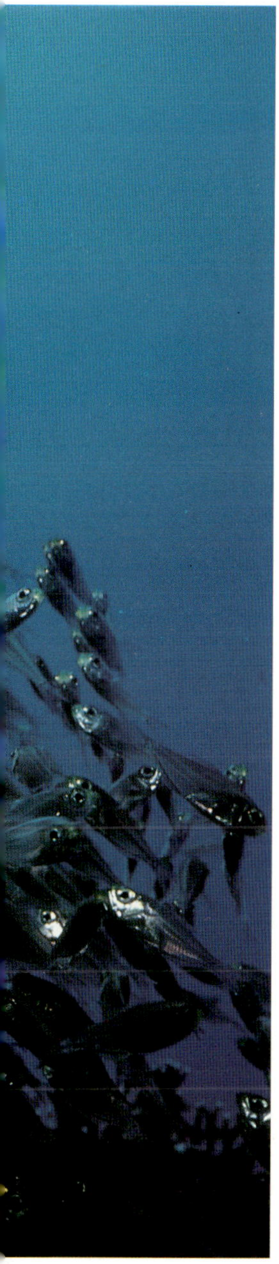

39 oben Schwenks-Beilbauchfisch (Pempheris schwenkii).

39 unten Glasbarsche (Parapriacanthus guentheri).

ZWISCHEN SAND UND KORALLEN

Sommersprossen-Anglerfisch
Antennarius coccineus

Strahlenfeuerfisch
Pterois radiata

Indischer Rotfeuerfisch
Pterois miles

Falscher Steinfisch
Scorpaenopsis diabolus

40-41
Indischer Rotfeuerfisch (Pterois miles).

Echter Steinfisch
Synanceia verrucosa

Riff-Eidechsenfisch
Synodus variegatus

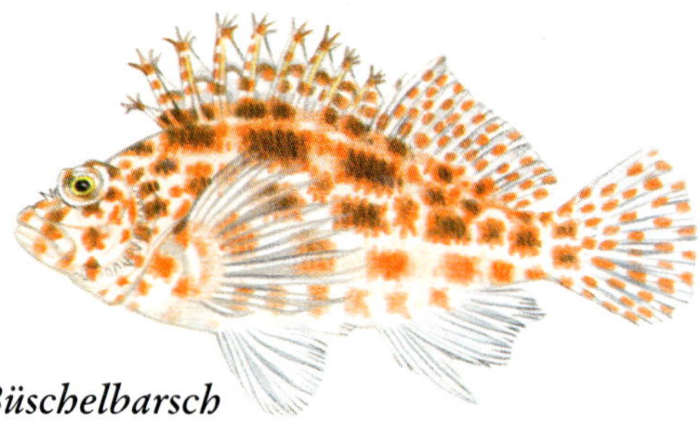

Gefleckter Büschelbarsch
Cirrhitichtys oxycephalus

Rotmeerbarbe
Parupeneus forsskali

Gelbflossen-Meerbarbe
Mulloides vanicolensis

Zitronen-Barbe
Parupeneus cyclostomus

Teppich-Krokodilsfisch
Papilloculiceps longiceps

Langnasen-Korallenwächter
Oxycirrhites typus

Der Taucher sollte im Roten Meer niemals den Meeresgrund, über dem er schwimmt, aus den Augen lassen, um einige der größten Gefahren dieser Gewässer zu meiden. Es handelt sich um den Echten Steinfisch *(Synanceia verrucosa)*, der sich kaum von einem Steinbrocken unterscheidet und nur mit größter Aufmerksamkeit aufgrund der fast senkrechten Maulspalte und der beweglichen Augen entdeckt werden kann. Aus diesem Grund sollte man die Hände nur mit größter Vorsicht auf korallenbewachsenem Meeresboden aufstützen. Die Gefährlichkeit dieser Fische liegt im wesentlichen in den sehr kräftigen Rückenstacheln (sie können sogar Schwimmschuhe durchbohren!), in die Giftdrüsen münden, deren Sekret so toxisch wie das giftigste Schlangengift ist. Ein gutes Tarnvermögen besitzt ebenfalls der Buckel-Drachenkopf *(Scorpaenopsis diabolus)*, der den Drachenköpfen unserer Meere ähnelt. Eleganter und anmutiger, aber deshalb nicht weniger gefährlich sind die Feuerfische der Unterfamilie Pteroinae *(Pterois miles, P. radiata)* mit langstrahligen Flossen, die Federn ähneln, jedoch äußerst gefährliche Giftstachel verbergen. Nähert man sich ihnen langsam, kann man sie ruhig beobachten; man vermeide auf jeden Fall, sie in die Enge zu drängen, wo sie sich angegriffen fühlen können und dann mit vorgespreizten Giftstacheln einen Gegenangriff auf den Taucher unternehmen.

42 Strahlenfeuerfisch (Pterois radiata).

43 oben Echter Steinfisch (Synanceia verrucosa).

43 Mitte Bärtiger Drachenkopf (Scorpaenopsis barbatus).

43 unten Filament-Teufelsfisch (Inimicus filamentosus).

44 oben Langnasen-Korallenwächter (*Oxycirrhites typus*).

44 unten Zitronen-Meerbarbe (*Parupeneus cyclostomus*).

44-45 Gestreifter Korallenwächter (*Paracirrhites forsteri*).

Der von einer dichten Wolke bunter Fische umgebene Taucher verliert häufig den Blickkontakt zum Meeresboden und somit die Möglichkeit, andere, etwas weniger farbige Fische zu beobachten, die ebenfalls eigenartige und interessante Lebensgewohnheiten haben. Wie die Meerbarben des Mittelmeeres gleiten die Rotmeer- und Zitronenbarben *(Parupeneus forsskali, P. cyclostomus)* des Roten Meeres über den Grund, wo sie mit ihren langen, beweglichen und reich mit sensorischen Zellen besetzten Barteln im Sediment wühlen.

46 oben Schwanzfleck-Sandbarsch (Parapercis hexophthalma) Weibchen.

46 unten Teppich-Krokodilsfisch (Papilloculiceps longiceps).

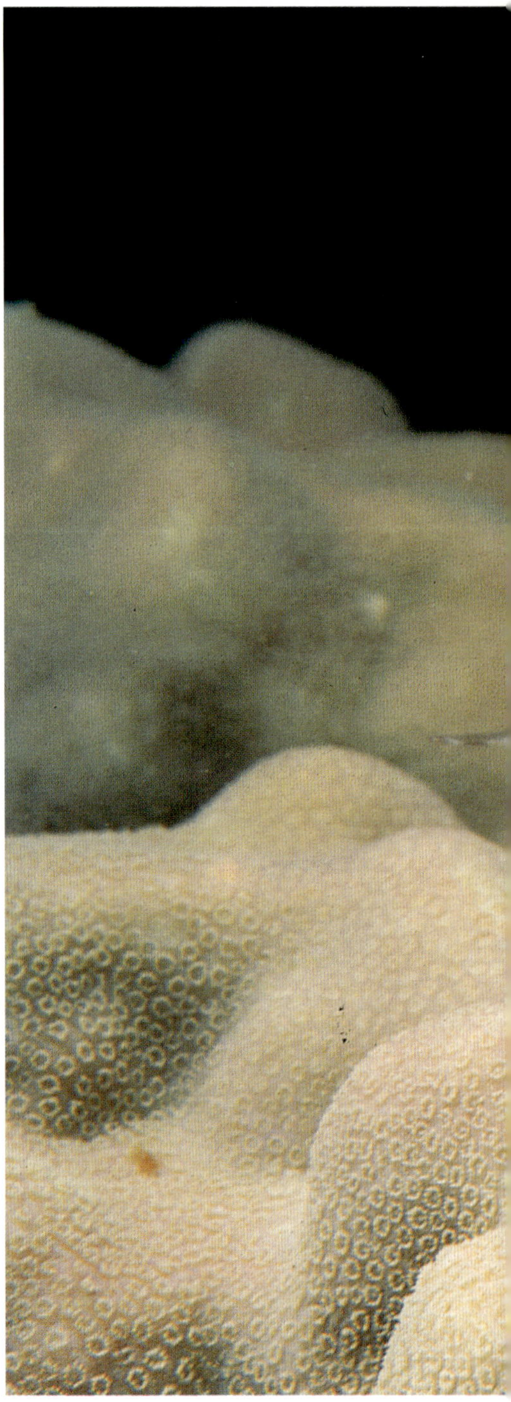

Nicht so leicht zu entdecken sind die Eidechsenfische und die Krokodilfische. Die Eidechsenfische *(Synodus)* lauern angriffsbereit auf dem Meeresgrund, auf dem sie aufgrund ihrer Farbe wie einzelne Korallenäste aussehen. Die Krokodilfische *(Papilloculiceps longiceps)* haben einen abgeflachten Körper und ein breites, längliches Maul und vergraben sich im Sand, aus dem nur ein Teil des Kopfes, die Augen und die Rückenflossen herausschauen. Kleiner und farbiger, aber ebenso gut getarnt sind die Korallenwächter mit ihrem langen Schnabelmaul *(Oxycirrhites typus)* und die bunten Korallenwächter *(Paracirrhites forsteri)*, die normalerweise auf dem Meeresgrund oder auf Gorgonienästen ruhen, wo vor allem die Korallenwächter dank ihres Rechteckmusters und ihrer geringen Länge (13 cm) kaum sichtbar sind.

46-47 Riff-Eidechsenfisch (Synodus variegatus).

49 Schwarztupfen-Süßlippe (Plectorhinchus gaterinus).

Schwarztupfen-Süßlippe
Plectorhinchus gaterinus

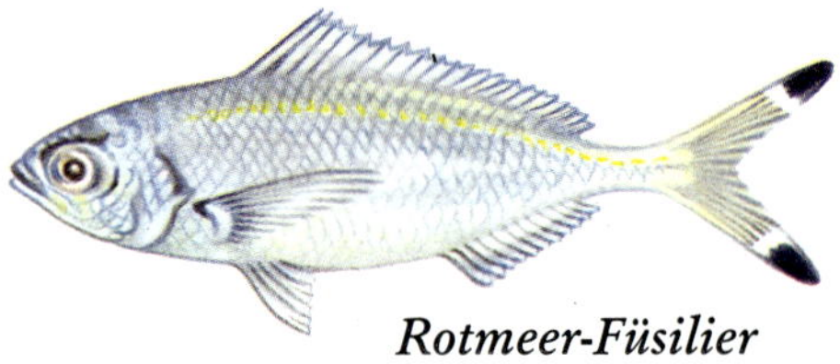

Rotmeer-Füsilier
Caesio suevica

Doppelfleck-Schnapper
Lutjanus bohar

Hochflossen-Ruderbarsch
Kyphosus cinerascens

Blaustreifen-Schnapper
Lutjanus kasmira

Blaustreifen-Straßenkehrer
Lethrinus nebulosus

Kupferschnapper
Lutjanus argentimaculatus

Sechsstreifen-Seifenbarsch
Grammistes sexlineatus

Buckel-Schnapper
Lutjanus gibbus

Schwarzfleck-Straßenkehrer
Lethrinus harak

Schwarmfische, die zwischen den Korallen und durch die Riffe schwimmen, fallen dem Taucher häufig aufgrund ihrer lebhaften Färbung auf (z. B. die Füsiliere der Gattung *Caesio*, die Haemulidae wie die Schwarztupfen-Süßlippe *[Plectorhinchus gaterinus]* sowie die häufigen Doppelfleck-Schnapper *[Lutjanus bohar]*), aber auch wegen ihrer Länge, die vielfach mehr als 50 bis 55 cm beträgt. Diese tag- oder nachtaktiven Arten sind sowohl Raub- als auch Planktonfresser, und ihr Vorkommen weist auf besonders nahrungsreiche Gebiete hin. Vor allem die großen Schnapper, die ihren Namen nicht zufällig erhalten haben, sind häufig die ersten dort, wo die großen Raubfische sich soeben eine begehrte Beute streitig gemacht haben, um die Reste zu verputzen.

50-51 Blaustreifen-Schnapper (Lutjanus kasmira).

51 oben Doppelfleck-Schnapper (Lutjanus bohar).

51 Mitte Blaustreifen-Straßenkehrer (Lethrinus nebulosus).

51 unten Himmelblauer Füselier (Caesio lunaris).

Rotkopf-Falterfisch
Chaetodon larvatus

Weißgesicht-Falterfisch
Chaetodon mesoleucos

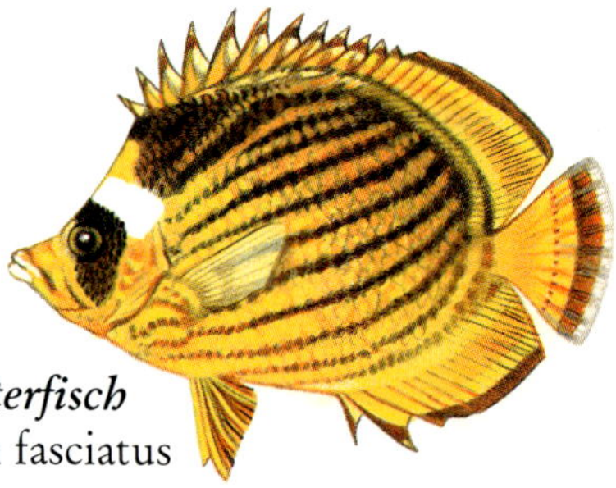

Tabak-Falterfisch
Chaetodon fasciatus

Imperator-Kaiserfisch
Pomacanthus imperator

Arabischer Kaiserfisch
Pomacanthus maculosus

Rotmeer-Winkel-Falterfisch
Chaetodon paucifasciatus

Rotmeer-Rippenfalterfisch
Chaetodon austriacus

Halbmond-Kaiserfisch
Pomacanthus asfur

Fähnchen-Falterfisch
Chaetodon auriga

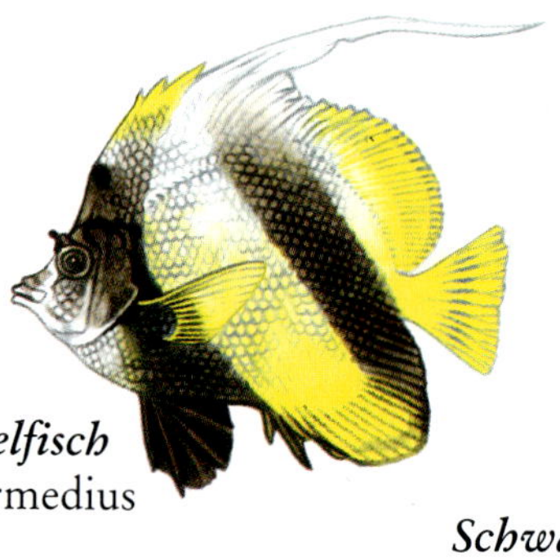

Rotmeer-Wimpelfisch
Heniochus intermedius

Schwarm-Wimpelfisch
Heniochus diphreutes

Masken-Falterfisch
Chaetodon semilarvatus

Schwarzrücken-Falterfisch
Chaetodon melannotus

Rundkopf-Fledermausfisch
Platax orbicularis

Langflossen-Fledermausfisch
Platax teira

53 Rundkopf-Fledermausfisch (Platax orbicularis).

Pfauen-Kaiserfisch
Pygoplites diacanthus

Ohne diese herrlichen Fische würden die Korallenriffe gewiß einen Teil ihres Zaubers einbüßen, denn die Familien der *Chaetodontidae* (Falterfische), *Pomacanthidae* (Kaiserfische) und *Ephippidae* (Fledermausfische) umfassen die farbigsten Vertreter dieser Gewässer. Durch ihre Lebens- und Ernährungsgewohnheiten sind sie an die Korallenriffe und Steinkorallenformationen gebunden. Die Chaetodontidae und die Pomacanthidae haben sich im Laufe ihrer Entwicklung immer stärker seitlich abgeplattet, so daß sie sich auch im dichtesten Korallengeäst elegant bewegen können. Die verschiedenartigen Färbungen ermöglichen es den Arten, sich gegenseitig zu erkennen und die Jungfische von den älteren, geschlechtlich reifen Fischen zu unterscheiden, dienen aber auch dazu, sich tarnend zu verbergen. Streifen und Flecken, die dem menschlichen Auge so auffällig erscheinen, sind es jedoch keinesfalls für die anderen Bewohner der Unterwasserwelt, denn hier erscheinen diese Fische dem Auge ihres Jägers aufgelöst, ohne Form oder sogar mit zwei Köpfen. Das ist zum Beispiel die Funktion der sogenannten Augenflecken, die man im hinteren Teil vieler Falterfische sehen kann. Normalerweise sind diese Flecken von dunklen Streifen über den Augen des Fisches begleitet, was die Maske noch glaubwürdiger erscheinen und die Raubfische den Schwanz angreifen läßt, den sie mit dem Kopf verwechseln.

54-55
Tabak-Falterfisch (Chaetodon fasciatus).

55 oben Fähnchen-Falterfisch (Chaetodon auriga).

55 Mitte RotmeerWinkelfalterfisch (Chaetodon paucifasciatus).

55 unten Gestreifter Falterfisch (Chaetodon lineolatus).

Typische Vertreter der sich auf diese Weise tarnenden Fische sind der Masken-Falterfisch *(Chaetodon semilarvatus)*, den man häufig in Schwärmen antrifft, der Rotmeer-Winkelfalterfisch *(C. paucifasciatus)*, der Rotmeer-Wimpelfisch *(Heniochus intermedius)* und der Halbmond-Kaiser *(Pomacanthus asfur)*, der einen breiten, vom Bauch bis zum Rücken reichenden, orangenen Streifen aufweist. Einen abgeplatteten, hohen Körper haben auch die Fledermausfische *(Platax orbicularis)*, die eine Länge bis zu 50 bis 60 cm erreichen und fast ebenso hoch sind, so daß die erwachsenen Exemplare eine diskusartige Körperform aufweisen.

56 oben links und 57 Pfauen-Kaiserfisch (Pygoplites diacanthus).

56 unten links Imperator-Kaiserfisch (Pomacanthus imperator).

56 oben rechts Arabischer Kaiserfisch (Pomacanthus maculosus).

56 unten rechts Halbmond-Kaiserfisch (Pomacanthus asfur).

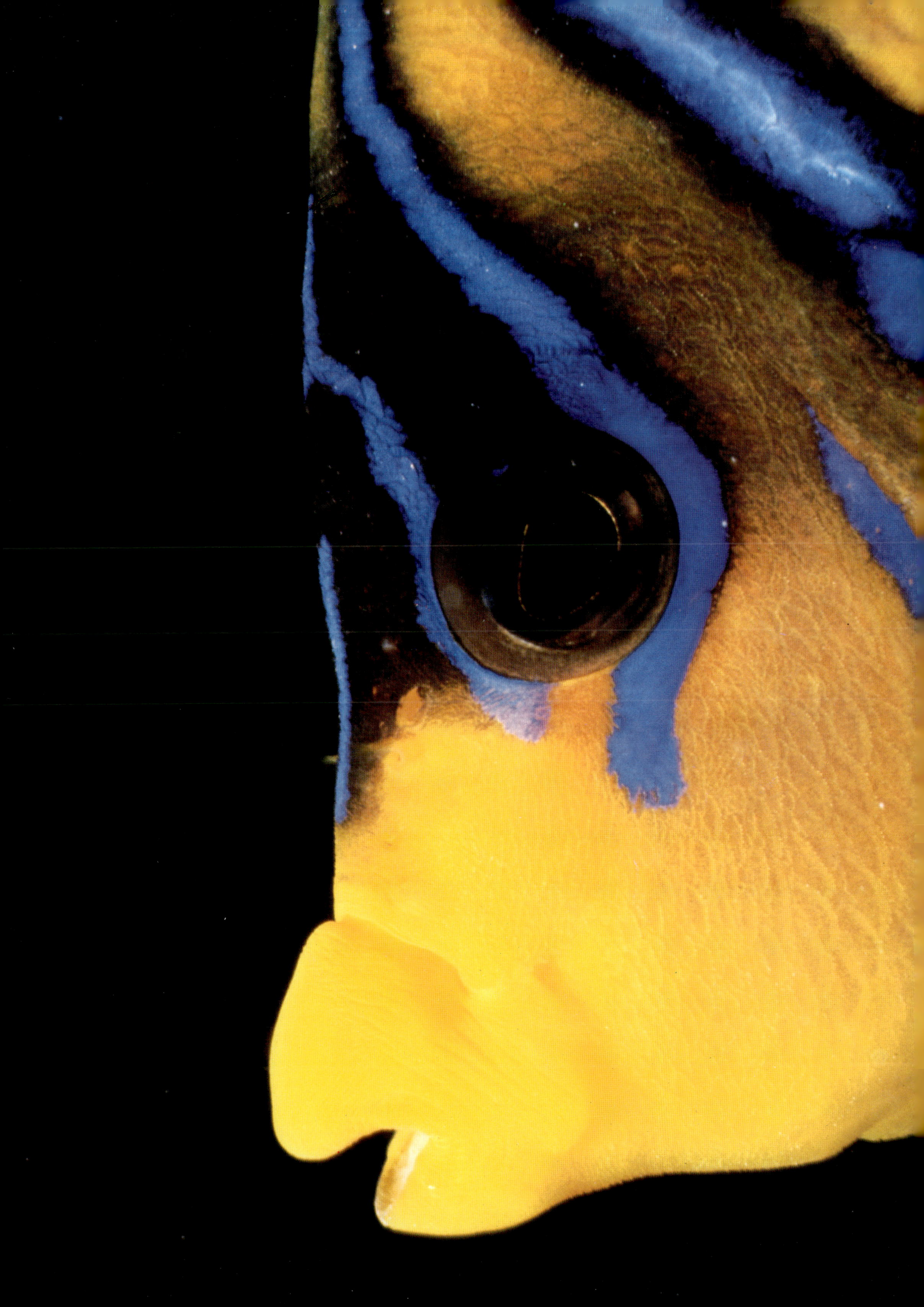

58 Rotmeer-Wimpelfische (Heniochus intermedius).

59 oben Rotmeer-Wimpelfisch (Heniochus intermedicus) und Masken-Falterfisch (Chaetodon semilarvatus).

59 Mitte und unten Masken-Falterfisch (Chaetodon semilarvatus) und Rotmeer-Wimpelfische.

Klein, gut getarnt und mit merkwürdigen Gewohnheiten

Dreifleck-Preußenfisch
Dascyllus trimaculatus

Dreibinden-Preußenfisch
Dascyllus aruanus

Rotmeer-Anemonenfisch
Amphiprion bicinctus

Blaupunkt-Grundel
Valenciennea sexguttata

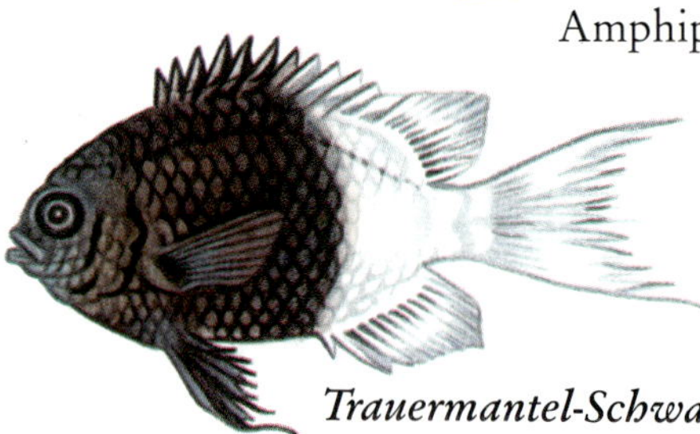

Trauermantel-Schwalbenschwanz
Chromis dimidiata

Schwefel-Demoiselle
Pomacentrus sulfureus

Indopazifik-Sergeant
Abudefduf vaigiensis

Mimikry-Säbelzahnschleimfisch
Aspidontus taeniatus

Scherenschwanz-Sergeant
Abudefduf sexfasciatus

Blaugrüner Schwalbenschwanz
Chromis viridis

61 Peitschenkorallen-Zwerggrundel (Bryaninops youngei).

Die auf vielen Fotografien abgebildeten Riffbarsche sind im wesentlichen die Anemonenfische *(Amphiprion sp.)*, die aufgrund ihrer Symbiose mit Anemonen als eine Gruppe für sich betrachtet werden. Obwohl sie sehr verbreitet sind, ziehen sie doch die Aufmerksamkeit des Fotografen auf sich aufgrund der Gewohnheit dieser Fische, in enger Verbindung mit den nesselnden Meeresanemonen zu leben, die eine unüberwindbare Barriere für eventuelle Jäger darstellen. Häufig können die Taucher das Weibchen bei der Pflege der am Fuß der Anemone gelegten farbigen Eier beobachten; das Männchen ist dabei behilflich, eventuelle Eindringlinge zu verscheuchen, wobei es eine Aggressivität an den Tag legt, die im Gegensatz zu dem normalen, friedlichen Verhalten dieser Fische steht. Zusammen mit den Anemonenfischen kann man kleine, schwarze Fische mit drei weißen Flecken sehen. Es handelt sich um die Jungen des Dreifleck-Preußenfisches *(Dascyllus trimaculatus)*. Die erwachsenen Exemplare sind besonders häufig zwischen den Acroporakorallen anzutreffen zusammen mit anderen Exemplaren dieser Familie, wie dem Dreibinden-Preußenfisch *(Dascyllus aruanus)* und den Schwalbenschwänzen *(Chromis caerulea, C. dimidiata)*. Größer aufgrund ihrer breiten, schwarzweißen Binden sind die Riffbarsche der Gattung *Abudefduf vaigiensis* und *A. sexfasciatus*, die dichte Schwärme an der Riffkrone bilden und die Taucher furchtlos verfolgen und umgeben.

Kleiner und in den zahlreichen Spalten und Höhlen sowie auf dem Meeresboden lebend sind die Schleimfische *(Blenniidae)*, von denen viele Exemplare Anhängsel am Kopf haben, und die Grundeln *(Gobiidae)* mit einem gedrungenen Maul und kräftigen Brustflossen, die zum Stützen auf den Korallen ausgebildet sind.

62-63 Rotmeer-Anemonenfisch (Amphiprion bicinctus).

63 oben Indopazifik-Sergeant (Abudefduf vaigiensis).

63 Mitte Mimikry-Kammzähner (Ecsenius gravieri).

63 unten Zitronen-Grundelchen Gobiodon citrinus).

64 oben
Dreibinden-Preußen-fisch (Dascyllus aruanus).

64 unten
Dreifleck-Preußen-fisch (Dascyllus tri-maculatus).

65 oben Blaugrüner Schwalbenschwanz (Chromis viridis).

64-65 Rotmeer-Riffbarsch (Amblyglyphidodon flavilatus), juvenil.

Rotmeer-Junker
Thalassoma klunzingeri

Abudjubbes Prachtlippfisch
Cheilinus abudjubbe

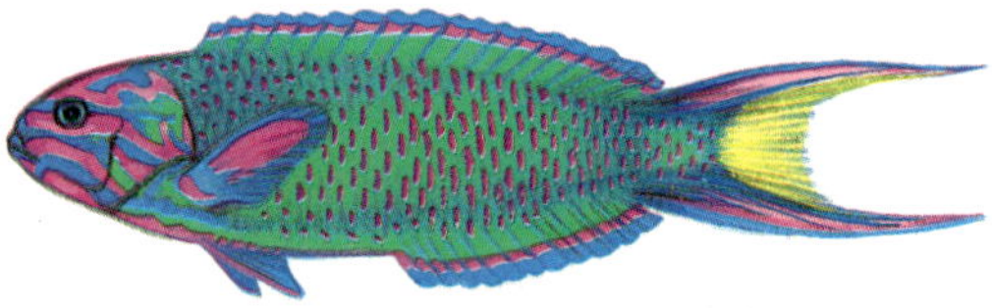

Mondsichel-Junker
Thalassoma lunare

Rotmeer-Fahnenlippfisch
Paracheilinus octotaenia

Afrika-Junker
Coris africana

Napoleonfisch
Cheilinus undulatus

Besenschwanz-Prachtlippfisch
Cheilinus lunulatus

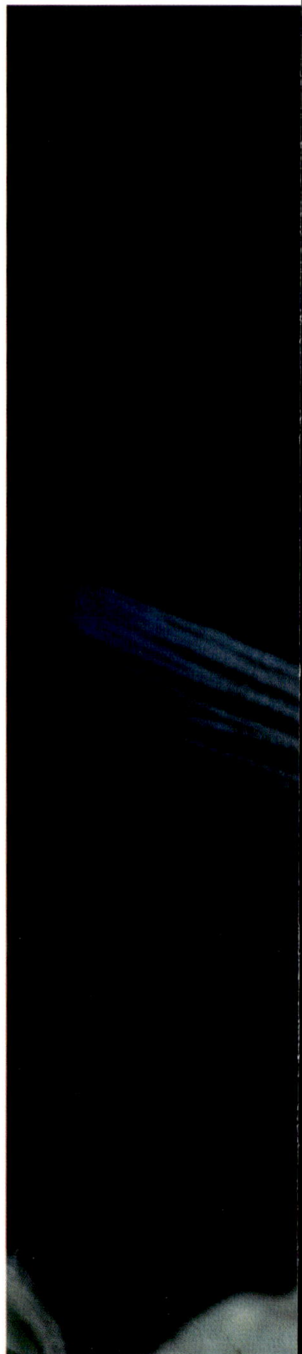

Blauer Vogellippfisch
Gomphosus caeruleus

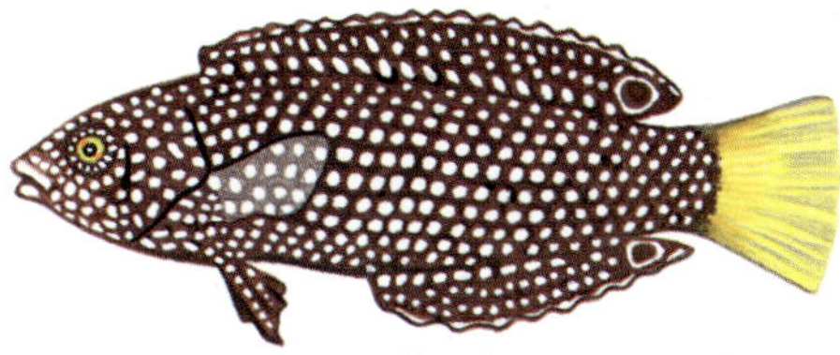

Gelbschwanz-Junker
Anampses meleagrides

Gemeiner Putzerlippfisch (Meerschwalbe)
Labroides dimidiatus

Achselfleck-Schweinslippfisch
Bodianus axillaris

67 Rotmeer-Junker (Thalassoma klunzingeri), Männchen.

Diese sehr verbreiteten Fische, die äußerst unterschiedliche Formen, Färbungen und Größen aufweisen, ähneln sich jedoch von der länglichen Form des Körpers her, und sie haben nur eine Rückenflosse. In den Korallenriffen sind die bunten Lippfische weit verbreitet, deren typische Schwimmweise durch ein ruderartiges Schlagen der Brustflosse gekennzeichnet ist, was dem Fisch eine eigenartige, wellenförmige Fortbewegung verleiht, die man schon aus der Ferne unterscheiden kann. Vertreter dieser Familie sind der kleine Putzerlippfisch *(Labroides dimidiatus)*, mit blauen und schwarzen waagerechten Streifen und einer Länge von ca. zehn Zentimeter, der stets eifrig damit beschäftigt ist, andere Fische von Parasiten und organischen Resten zu befreien, und der große Napoleonfisch *(Cheilinus undulatus)*, der eine Länge von 2,3 m erreichen kann. Alle Lippfische sind tagaktiv. Mit etwas Aufmerksamkeit kann man Napoleonfische in ihren Nachtquartieren entdecken, wie sie, im Sand vergraben oder auf einer Seite liegend im Schutz eines Steins oder einer Spalte oder, wie die Papageifische, von einer Schleimkapsel umgeben, schlafen.

Viele dieser Arten ändern nachts ihre Farbe, die dann unscheinbar wirkt. Dazu muß gesagt werden, daß Lippfische richtige Verwandlungskünstler sind, denn viele Arten verändern ihre Farbe drastisch, wenn sie heranwachsen und ihr Geschlecht von weiblich in männlich umwandeln.

69 oben Stülpmaul-Lippfisch (Epibulus insidiator) Weibchen.

69 unten Wangenstreifen-Lippfisch (Oxycheilinus digrammus).

68-69 Napoleonfisch (Cheilinus undulatus) und Gestreifter Schiffshalter (Echeneis naucrates).

PAPAGEIFISCHE

Rotmeer-Buckelkopf
Scarus gibbus, Männchen

Indischer Langnasen-Papageifisch
Hipposcarus harid, Männchen

Masken-Papageifisch
Cetoscarus bicolor, Männchen

Blauband-Papageifisch
Scarus ghobban, Männchen

Kugelkopf-Papageifisch
Scarus sordidus, Männchen

Rostnacken-Papageifisch
Scarus ferrugineus, Männchen

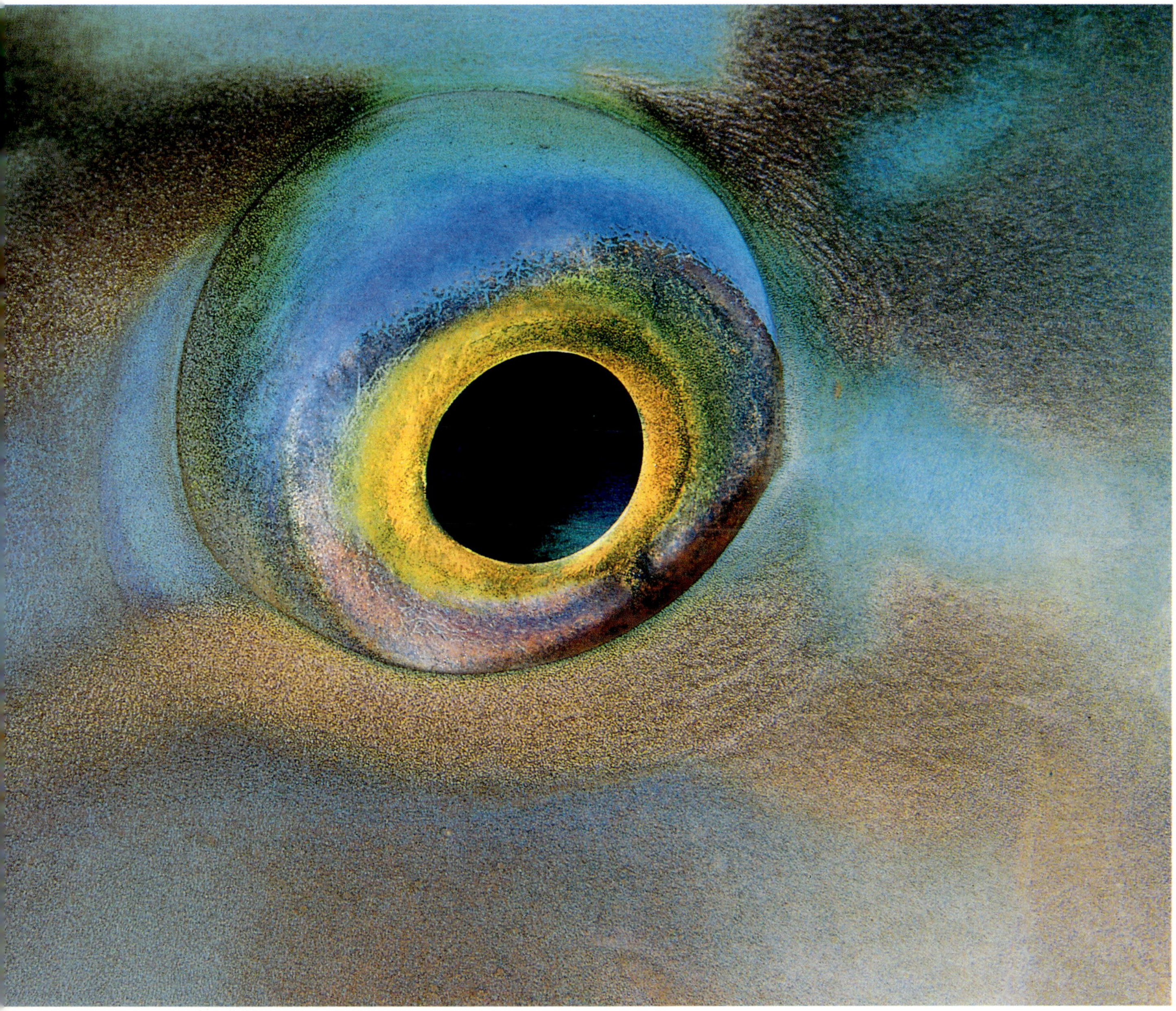

70-71 Blick ins Auge eines Papageifisches (Scarus sp.).

Büffelkopf-Papageifisch
Bolbometopon muricatum

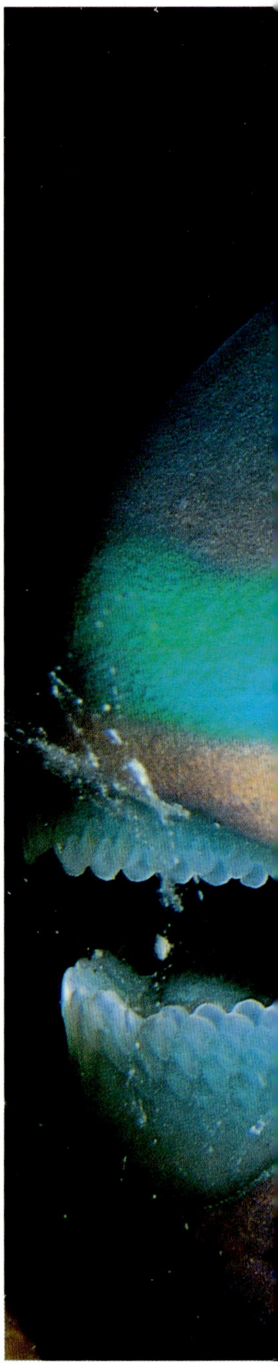

72 oben Rostnacken-Papageifisch (Scarus ferrugineus), Männchen.

72 Mitte Rotmeer-Buckelkopf (Scarus gibbus).

72 unten Schuppen eines Papageifisches.

72–73 Nasenhöcker-Papageifisch (Scarus rubroviolaceus), Männchen.

Jeder Taucher weiß, daß in der Unterwasserwelt keineswegs vollständige Stille herrscht. Viele Fische erzeugen Laute: Knack-, Grunz-, Knurr-, Quiek- und Trommellaute sind weit verbreitet. Am leichtesten zu erkennende Laute sind die Schlagtöne der Papageifische, die mit ihren kräftigen Schnäbeln die Korallen bearbeiten. Sie sind ebenfalls sehr farbig und noch veränderlicher als die Lippfische, denn ihre Farbe wechselt mit dem Alter, dem Geschlecht und der Balzzeit; sie haben einen kräftigen Körperbau, und zwar seitlich abgeplattet und von großen Schuppen überzogen. Noch leichter zu unterscheiden sind die Papageifische *(Scarus, Bolbometopon* usw.) aufgrund ihres Maules, in dem sich die Zähne in große Zahnplatten verwandelt haben, die einen Schnabel bilden, der sich vorzüglich zum Knacken der Korallen eignet, von deren Polypen sie sich ernähren. In regelmäßigen Abständen sind die Papageifische dann von einer sich rasch auflösenden, weißen Wolke umgeben, die von den unverdauten Resten der zermalmten und in einen feinen, weißen Staub verwandelten Korallen gebildet wird.

Wie die Lippfische sind auch die Papageifische tagaktiv. Nach Sonnenuntergang ziehen sie sich in Höhlen zurück, wo viele dieser Fische eine durchsichtige Schleimhülle ausscheiden, eine Art Kokon, der den Fisch vollständig umgibt und sich am nächsten Tag langsam auflöst. Dieser „Schlafsack“, über den nicht alle Papageifische verfügen, soll verhindern, daß nächtliche Raubfische wie Muränen die Fische während ihrer Nachtruhe aufgrund des Geruchs entdecken.

Doktorfische

Mönchs-Doktorfisch
Acanthurus gohhm

Arabischer Doktorfisch
Acanthurus sohal

Brauner Doktorfisch
Acanthurus nigrofuscus

Indischer Segelflossendoktor
Zebrasoma desjardinii

Blauer Segelflossendoktor
Zebrasoma xanthurum

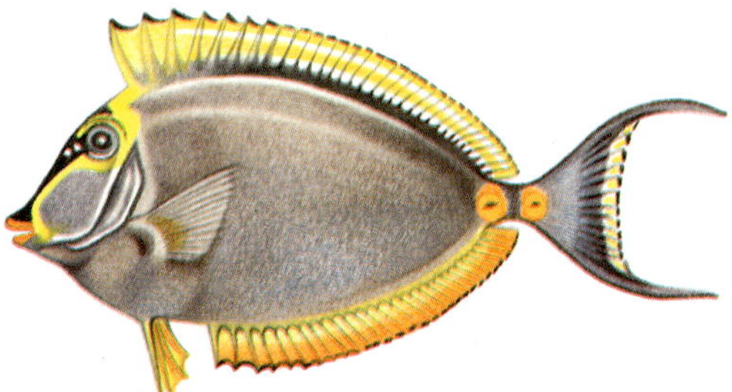

Gelbklingen-Nasendoktor
Naso lituratus

Tüpfel-Kaninchenfisch
Siganus stellatus

Schärpen-Nasendoktor
Naso brevirostris

Blauklingen-Nasendoktor
Naso unicornis

Die Doktorfische oder Acanthuridae haben breite Rücken- und Schwanzflossen, die häufig in stark verlängerte, sichelförmige Filamente auslaufen; es handelt sich um oft anzutreffende, mitten im Riff an lichthellen Stellen lebende Arten, die in der Nähe von Algen zu finden sind, von denen sie sich ernähren. Gemeinsames Merkmal der Doktorfische, auf das ihr eigentümlicher Name zurückzuführen ist, sind die skalpellscharfen Messer an den Seiten der Schwanzwurzel. Betrachtet man diese Partie aufmerksam, kann man einen farblich kontrastierenden Bereich erkennen, in dem sich die Messer befinden, die normalerweise beweglich sind und zur Verteidigung durch Biegen des Schwanzes quer nach vorne aufgerichtet werden können. Sie werden meistens eingesetzt, um territoriale Auseinandersetzungen zu lösen und dienen nicht so sehr als Waffe, sondern vielmehr zur Verteidigung. Diese Skalpelle können auch für den Menschen gefährlich werden, und das sollte man nicht vergessen, wenn man von einem großen Schwarm von Doktorfischen umgeben ist.

75 oben
Arabischer Doktorfisch (Acanthurus sohal).

75 Mitte
Blauschwanz-Nasendoktor (Naso hexacanthus).

75 unten
Blauklingen-Nasendoktor (Naso unicornis).

DRÜCKERFISCHE UND ANDERE MERKWÜRDIGE FISCHE

Grüner Riesendrückerfisch
Balistoides viridescens

Gelbsaum-Drückerfisch
Pseudobalistes flavimarginatus

Arabischer Picassodrücker
Rhinecanthus assasi

Riesen-Kugelfisch
Arothron stellatus

Gelbbrauner Kofferfisch
Ostracion cubicus

Blaustreifen-Drückerfisch
Pseudobalistes fuscus

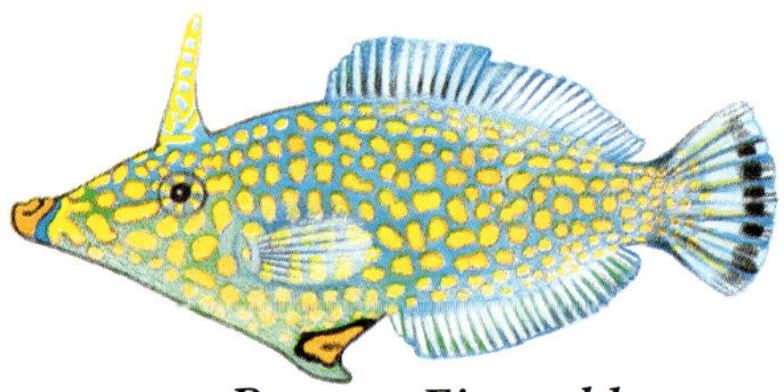

Rotmeer-Einstachler
Oxymonacanthus halli

Orangestreifen-Drückerfisch
Balistapus undulatus

Rotzahn-Drücker
Odonus niger

76-77
Gelbflecken-Igel-
fisch (Cyclichthys
spilostylus).

Perlen-Spitzkopfkugelfisch
Canthigaster margaritata

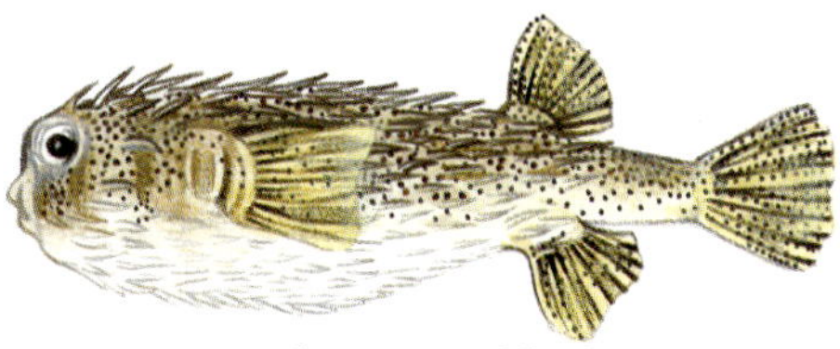

Gepunkteter Igelfisch
Diodon hystrix

78-79 Orangestreifen-Drückerfisch (Balistapus undulatus).

79 oben
Grüner Riesendrückerfisch (Balistoides viridescens).

79 unten
Blaustreifen-Drückerfisch (Pseudobalistes fuscus).

Die Drückerfische *(Balistidae)* sind an den Seiten leicht abgeplattet und von kleinen, jedoch robusten Knochenplatten überzogen und durch zwei Rückenflossen gekennzeichnet. Der ersten dieser beiden Flossen verdanken diese Fische ihren Namen, denn sie wird von drei Stachelstrahlen gebildet, die sich mit einer Art Schnappmechanismus miteinander so verbinden können, daß der längere in aufrechter Position bleibt. Dieser Mechanismus setzt ein, wenn ein Drückerfisch Zuflucht in einer Spalte sucht und sich darin einklemmt, so daß es unmöglich ist, ihn aus seiner Höhle zu ziehen. Die Drückerfische verfügen über ein robustes Gebiß aus Meißelzähnen, die an den Kiefern mit kräftigen Muskeln befestigt sind. Damit kann der Fisch die Schalen von Krebstieren, Muscheln und Seeigeln zerbeißen, von denen er sich ernährt. Außergewöhnlich ist ihre Technik, um Seeigel zu fangen. Da sie die spitzen Stacheln fürchten, packen sie den Seeigel an einem Stachel, schwimmen etwas aufwärts und lassen ihn los. Während der Igel wieder absinkt, greifen sie ihn auf der unteren, ungeschützten Seite an, oder sie blasen Wasserstrahlen unter den Seeigel, um ihn umzudrehen. Die Drückerfische sind ausgesprochen territorial; wenn sie ihre Eier hüten, sollte man sich ihnen nicht nähern.

80 oben Maskenkugelfisch (Arothron diadematus) und Baskenmützen-Zackenbarsch (Epinephelus fasciatus).

80 Mitte Riesen-Kugelfisch (Arothron stellatus).

80 unten Gelbbrauner Kofferfisch (Ostracion cubicus).

80–81 Maskenkugelfisch (Arothron diadematus) Nachtfärbung.

Ebenfalls kräftige Zähne haben die Kugel-, Igel- und Kofferfische. Die letzteren verfügen über einen steifen, häufig von sechseckigen Knochenplatten gebildeten Körper, von dem kleine Flossen abstehen, deren kreisende Bewegungen diesen Fischen die Möglichkeit geben, sich wie kleine Hubschrauber zwischen den Korallenästen zu bewegen. Die Kugelfische *(Tetraodontidae)* und Igelfische *(Diodontidae)* besitzen beide die Möglichkeit, ihren Körper bei Bedrohung aufzublasen. Diese Eigenschaft übt immer eine große Anziehungskraft auf die Taucher aus, stellt für den Fisch jedoch eine sehr große körperliche Anstrengung dar. Aus diesem Grund sollte man sie nicht zum Aufblasen nötigen, um ihnen diesen Streß und eventuelle körperliche Schäden zu ersparen.

MUSCHELN, KRABBEN UND SEESTERNE

Textil-Kegelschnecke
Conus textile

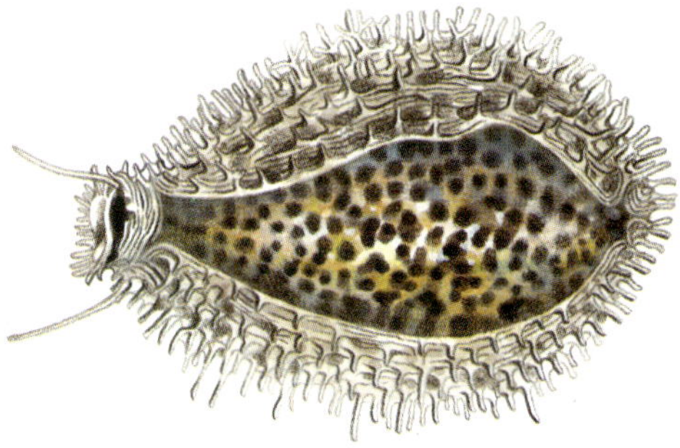

Panther-Kaurischnecke
Cypraea pantherina

Scherengarnele
Stenopus hispidus

Graeffs Seegurke
Bohadschia graeffei

Bunter Spiralröhrenwurm
Spirobranchus giganteus

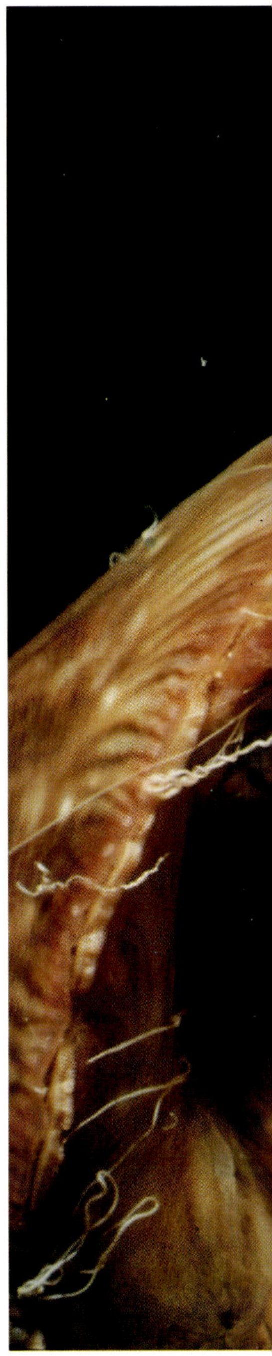

Gehörnter Kissenstern
Choriaster granulatus

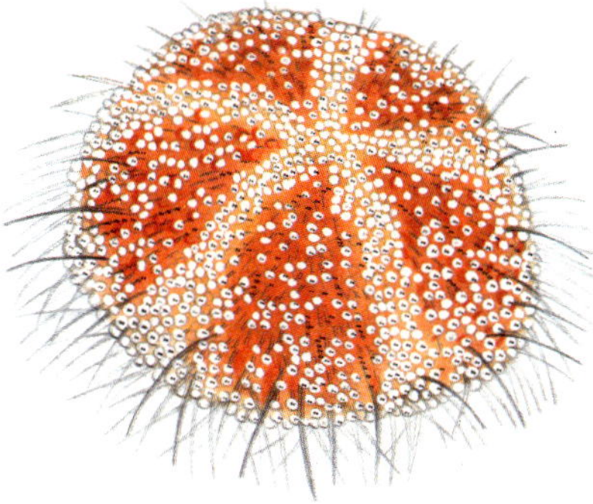

Stecknadelkopf-Seeigel
Asthenosoma varium

Roter Maschenstern
Fromia monilis

82-83
Schmarotzerrosen-Einsiedlerkrebs (Dardanus pedunculatus).

Sehr verbreitet sind ebenfalls die Mollusken und Stachelhäuter. Unter den Mollusken hätten zumindest drei das Anrecht darauf, als Symbol dieser Meeresgründe betrachtet zu werden: die Spanische Tänzerin *(Hexabranchus sanguineus)*, das Tritonshorn *(Charonia tritonis)* und die Mördermuschel *(Tridacna maxima)*. Die erste Art ist der größte Nacktkiemer des Roten Meeres und kann an einigen Stellen eine Größe von 50 cm erreichen. Diese Schnecke mit einem weißgeränderten Purpurmantel und großen, federartigen Kiemen bezaubert mit der Anmut ihrer Bewegungen den Taucher, der das Glück hat, sie zu erblicken. Ebenso groß wird das Tritonshorn, der Feind der korallenfressenden Dornenkrone *(Acanthaster planci)*, die in einer Nacht über einen Quadratmeter Korallenriff zerstören kann. Die Mördermuscheln sind so bekannt, daß wir uns eine Beschreibung hier ersparen können. Wir wollen jedoch noch einmal unterstreichen, daß ihr Ruf als „Taucherfalle" übertrieben ist. Es ist wahr, daß sie ihre Schale schließen, wenn man sie berührt, aber die Bewegung ist bei den größeren Arten so langsam, daß man leicht entfliehen kann. Die bekanntesten Vertreter der Familie der Stachelhäuter, vor denen man sich am meisten hüten muß, sind die Seeigel.

84 Spanische Tänzerin (Hexabranchus sanguineus).

85 links Bunter Spiralröhrenwurm (Spirobranchus giganteus).

85 oben rechts Dornenkrone (Acanthaster planci).

85 Mitte rechts Blaue Mördermuschel (Tridacna maxima).

85 unten rechts Pyjama-Nacktschnecken (Chromodoris quadricolor).

Neben den harmlosen Griffelseeigeln, die sich tagsüber in Spalten verkriechen, und den „Sanddollars", die sich im Sand vergraben, gibt es mindestens zwei weitere Arten, die man kennen sollte: den Diadem-Seeigel *(Diadema setosum)* und dem Giftigen Lederseeigel *(Asthenosoma varium)*. Der Diadem-Seeigel ist mit sehr langen Stacheln versehen, die dünn wie Glasnadeln sind und bei der geringsten Berührung brechen. Sie besitzen Giftdrüsen und verursachen schmerzhafte Verletzungen. Merkwürdigerweise verfügt dieser Seeigel über augenähnliche, lichtempfindliche Zellen. Wenn man einen Schatten über eines dieser Tiere wirft, reagiert es sofort und richtet die Stacheln auf. Der Lederseeigel erscheint harmlos mit seinen weißen, „rundlichen" Stacheln auf rotem Hintergrund. Tatsächlich verbergen diese weißen Bläschen eine Gefahr, denn sie sind mit Gift gefüllt, das durch die Stacheln injiziert wird.

86 oben
Griffelseeigel (Heterocentrus mammillatus).

86 Mitte und unten
Giftiger Lederseeigel (Asthenosoma varium).

87 Seestern (Fromia sp.).

Sehr häufig findet man in stetigen Strömungsgebieten weitere Echinodermen, wie z. B. die Haarsterne *(Crinoiden)* mit vielen zahlreichen gefiederten Armen, die von einem kleinen Körper ausgehen, der durch gegliederte, krallenartige Zirren fest an Korallen oder Gorgonien haftet. In dieser Aufzählung können die Krustazeen natürlich nicht fehlen. Langusten, Krabben, Krebse und Einsiedlerkrebse tummeln sich auf dem Meeresboden, besonders im Laufe der Nacht, wenn sie ihrer Arbeit als "Straßenkehrer" nachgehen. Einige dagegen leben in enger Symbiose mit größeren Tieren (Anemonen und Fischen), die sie von Parasiten und organischen Resten befreien und dafür Schutz und Nahrung erhalten. Diese Arten sind normalerweise klein, und es ist etwas Erfahrung erforderlich, um sie zu erkennen.

88 oben Haarstern (Heterometra sp.).

88 unten links Spinnenkrabbe (Familie: Majidae).

88 unten rechts Weißband-Putzergarnele (Lysmata amboinensis).

89 Blasenkorallengarnele (Periclimenes sp.).

Bergkoralle
Porites lutea

Rosenkoralle
Lobophyllia sp.

Pilzkoralle
Cycloseris sp.

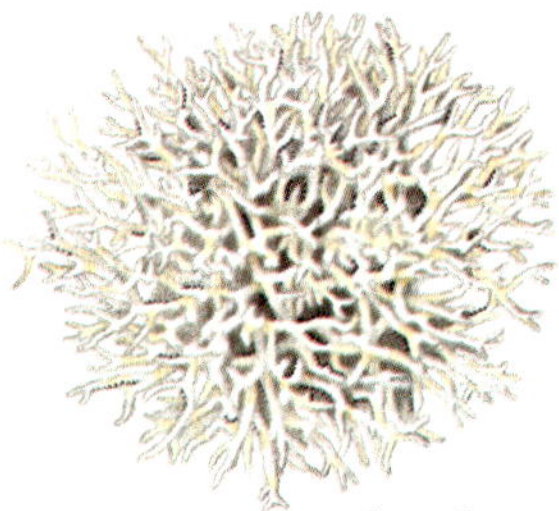

Dornige Reihenkoralle
Seriatopora histrix

Hirnkoralle
Platygyra daedalea

Mosaikkoralle
Favia sp.

Riesen-Prachtkoralle
Dendronephthya gigantea

Zöpfchenkoralle
Tubastrea sp.

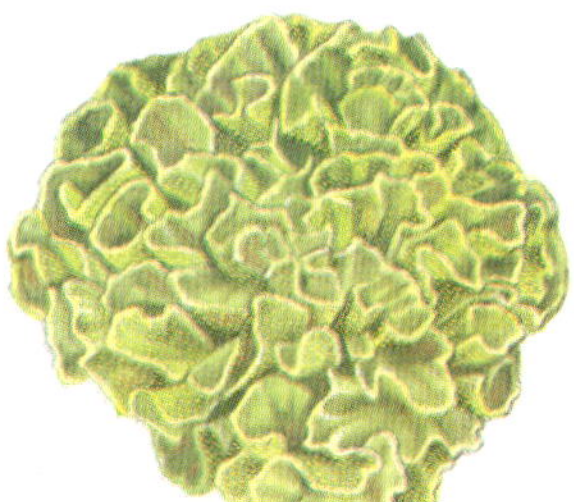

Elefantenhaut-Koralle
Mycedium elephantotus

Geweihkoralle
Acropora sp.

Stachlige Koralle
Echinopora lamellosa

Hicksons Riesenfächer
Subergorgia hicksoni

90-91 *Juwelen-Fahnenbarsche (Pseudanthias squamipinnis) zwischen Lederkorallen (Dendronephthya sp.).*

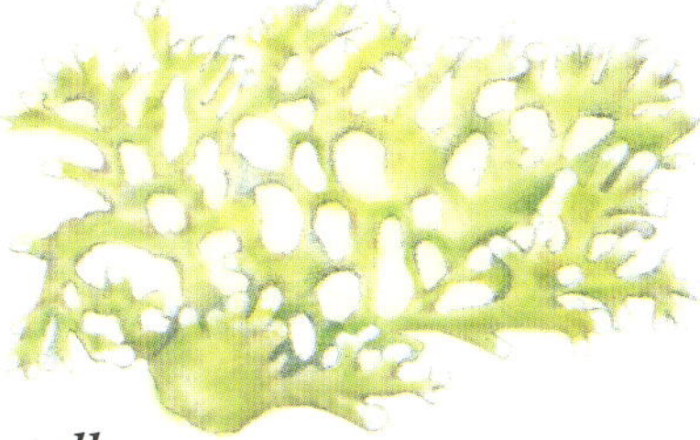

Feuerkoralle
Millepora dichotoma

Himbeerkoralle
Pocillopora verrucosa

Das mengenmäßig der Fischwelt weit überlegene Universum der Wirbellosen beherrscht den Boden des Roten Meeres. Die Korallenriffe, die durch die ununterbrochene Tätigkeit zahlreicher unterschiedlicher Madreporenarten entstanden sind, stellen die Grundvoraussetzungen für das Unterwasserleben dar. In einer lebensgünstigen Umwelt, die vom klaren, warmen und nahrungsreichen Wasser gebildet ist, vermehren sich die winzigen Polypen, welche die Kolonien der Steinkorallen bilden, indem sie Kalziumkarbonat dem Meerwasser entziehen und phantastische Konstruktionen errichten, die auf den ersten Blick wirr und ungeordnet er-

92-93 Rosa Geweihkoralle (Acropora nasuta).

93 oben Netz-Feuerkoralle (Millepora dichotoma).

93 unten Lederkoralle (Sarcophyton sp.).

scheinen, jedoch in allen Details präzisen ökologischen Anforderungen entsprechen. Für eine dieser Arten kann das Licht ein einschränkender Faktor sein, bei anderen kann die Wellenbewegung oder Strömung das Wachstum behindern. Man lasse sich nicht durch ihr Aussehen irritieren, das an versteinerte Bäume oder Felsblöcke erinnert. Obwohl sie nur winzig klein und fast unsichtbar, bzw. nur nachts sichtbar sind, strecken die Polypen, die die grundlegenden Bestandteile der Korallen sind, ihre Arme auf der ständigen Suche nach Nahrung aus. Die bunten Weichkorallen sind leichter zu beobachten, denn sie ähneln zarten Glasgebilden, die sich nachts öffnen, um mit größter Wirksamkeit die von der Strömung getragenen Planktonwolken aufzufangen. Diese ohne starres Skelett versehenen Weichkorallen sind am häufigsten in einer Tiefe von bis 15 m anzutreffen, wo sich mehr oder weniger stark krustenbildende Arten befinden, die auf den ersten Blick an große Seerosen mit kurzen, jedoch zahlreichen Armen oder an Moosformationen erinnern, die mehrere Quadratmeter Meeresboden überziehen können. Sehr verbreitet sind ebenfalls die Gorgonien, die sich zum Teil kaum von den mediterranen Arten unterscheiden; einige haben jedoch kaum etwas mit ihnen gemeinsam und sind fadenförmig, gerade und spiralförmig und erinnern im Aussehen an „Peitschenkorallen".

94 oben links Eine Gruppe Röhrenschwämme (Siphonochalina siphonella).

94 Mitte links Eine Reihe von Krustenanthozoa mit geöffneten Tentakeln.

94 Mitte rechts Der geöffnete Polyp einer Zäpfchenkoralle (Dendrophyllia sp.).

94 unten links Eine Gorgonienkolonie (Fam. Plexauridae) bietet zahlreichen Haarsternen halt.

95 Ein riesiger Gorgonienfächer (Subergorgia hicksoni).

96 Eine Peitschenkoralle (Cirripathes sp.) mit ihrer typischen spiralförmigen Struktur.

Die Fotografien des Bandes stammen von:

Marcello Bertinetti / Archivio White Star:
S. 16 unten, 20 oben, 20 unten, 56 unten rechts.

Kurt Amsler:
S. 10-11, 16-17, 19 oben, 24 unten, 35, 43 oben, 50-51, 85 oben, 85 Mitte rechts, 88 unten rechts, 92-93.

Franco Banfi:
S. 8, 36 unten, 44-45, 87.

Marco Bosco:
S. 5, 49, 55 oben, 72 oben.

Carlo De Fabianis:
S. 75 Mitte.

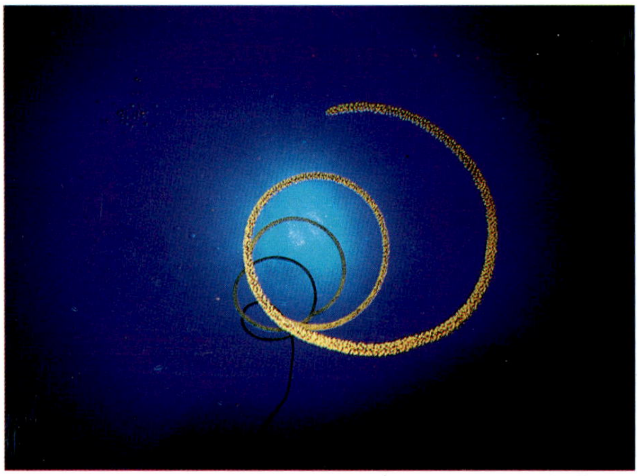

Umschlag-Rückseite oben
Die allgegenwärtigen Juwelen-Fahnenbarsche (Pseudanthias squamipinnis) schwimmen inmitten herrlich bunter Weichkorallen (Dendronephthya sp.).
Foto: Roberto Rinaldi.

Umschlag-Rückseite unten
Ein Rotmeer-Junker (Thalassoma klunzingeri) beobachtet neugierig den Taucher.
Foto: Jeff Rotman

Eleonora De Sabata:
S. 33 oben, 88 unten links.

Pierfranco Dilenge:
S. 14-15.

DUBA:
S. 25 oben rechts, 40, 75 oben.

Andrea und Antonella Ferrari:
S. 15, 18 unten, 20 Mitte, 28-29, 29 oben, 30-31, 40-41, 43 Mitte, 44 unten, 46 oben, 51 unten, 55 Mitte, 56 oben links, 56 oben rechts, 59 unten, 68-69, 69 unten, 70-71, 72 Mitte, 72 unten, 72-73, 75 unten, 78-79, 80 unten, 85 unten, 95.

Paolo Fossati:
S. 3, 14 unten, 20-21, 27, 54-55, 61, 63 Mitte, 89, 94 oben, 96.

Itamar Grinberg:
S. 18-19, 51 Mitte, 77.

Gianni Luparia:
S. 79 unten.

Alberto Muro Pelliconi:
S. 2, 22-23, 46 unten, 46-47, 62-63, 63 oben, 85 Mitte links, 86 unten.

Napolitano Francesco / DIAFRAMMARE FOTO SUB:
S. 44 oben.

Mark Nissen:
S. 19 unten.

Vincenzo Paolillo:
S. 16 oben, 16 Mitte, 21 oben, 36 oben, 36-37, 43 unten, 55 unten, 59 oben, 59 Mitte, 79 oben, 80 oben, 80 Mitte, 80-81, 84, 94 unten.

Sergio Quaglia / DIAFRAMMARE FOTO SUB:
S. 39 unten, 56 unten links, 86 Mitte.

Roberto Rinaldi:
S. 1, 4, 24 oben, 32-33, 33 unten, 38 unten, 51 oben, 58, 64-65, 65 oben, 86 oben, 90-91, 93.

Jeff Rotman:
S. 25 oben links, 38-39, 57, 66-67, 69 oben, 82-83, 88 oben, 94 Mitte rechts.

Alberto Siliotti:
S. 6.

Alberto Vanzo:
S. 7.

Claudio Ziraldo:
S. 9, 25, 29 unten, 33 Mitte, 39 oben, 53, 63 unten, 64, 94 Mitte links.